AF601777

QUE NADA DETENGA TUS SUEÑOS

NO IMPORTA DE DÓNDE VIENES, SIEMPRE PUEDES CAMBIAR TU HISTORIA

CLAUDIO DE OLIVEIRA

A menos que se indique lo contrario, las citas bíblicas son tomadas de la Santa Biblia, Nueva Versión Internacional®, NVI®, © 1999 por la Sociedad Bíblica Internacional. Usadas con permiso. Todos los derechos reservados. Las citas bíblicas marcadas (RVR1960) son tomadas de la versión Santa Biblia, Reina-Valera 1960 © 1960 Sociedades Bíblicas en América Latina; © renovado 1988 Sociedades Bíblicas Unidas. Usadas con permiso. Todos los derechos reservados.

QUE NADA DETENGA TUS SUEÑOS

No importa de dónde vienes, siempre puedes cambiar tu historia.

Editado por: Ofelia Pérez - OfeliaPerez.com
Diseño de portada & layout: Pablo Montenegro

Publicado por Editorial Renacer

Paperback: 978-1-963920-49-9
Hardcover: 978-1-963920-50-5
eBook: 978-1-963920-51-2

Impreso en Colombia

COMENTARIOS

Las buenas historias nos inspiran, pero las grandes historias nos transforman. La historia de Claudio no es mi historia, pero transformó mi historia y no solo eso; su historia mejoró mi vida. Ahora estas páginas están esperando por ti para mejorar tu historia.

La vida de Claudio te enseñará que cualquier adversidad se puede superar y que nunca se debe dejar de soñar, que en las manos de Dios hasta nuestros sueños más imposibles son posibles. En este libro aprenderás cómo perseguir todo aquello que tu corazón puede añorar, pero también aprenderás todo aquello que debes valorar.

En mi libro *"La historia dentro de ti"* escribí estas líneas: *"Cuando un hombre o una mujer escribe su historia, la vida se pone de pie y los aplaude por haber escrito algo que la muerte no puede borrar"*.

Hoy estoy de pie aplaudiendo a Claudio (quien no es mi amigo, es mi hermano) por haber escrito su historia que, más allá de estar escrita en papel, está escrita en mi corazón. Esta obra es un tesoro, tanto para la razón como para el corazón.

XAVIER CORNEJO
Director de Whitaker House Español
Autor de *Piensa en estrategia*

Las historias de cada hombre son distintas; los caminos por los cuales han tenido que recorrer para poder estar de pie en la vida son difíciles, intensos, y esos caminos requieren de hombres que tengan fe, valor, determinación para poder alcanzar todo aquello que Dios ha diseñado para ellos. Mi amigo Claudio, definitivamente, es uno de esos hombres. Su vida es un ejemplo para todos, de lo que significa ser un hombre de Dios. *El amigo siempre es amigo, y en los tiempos difíciles es más que un hermano.* (Proverbios 17:17, TLA). Cada vez que pienso en la palabra *"amigo"*, me vienen a la mente algunas personas a quienes, a lo largo de mi vida, puedo llamarlos amigos, y que, como dice la Palabra, ciertamente en los tiempos difíciles se convierten en hermanos. Una de esas personas es Claudio.

Estoy convencido de que este libro bendecirá tu vida de una manera especial, ya que, más que tener conceptos o estrategias para poder salir hacia adelante en la vida, contiene experiencias, testimonios y, sobre todo, vida. Eso es algo que no se improvisa; se vive.

JOAN BONILLA
Empresario
CEO de ONEMUSIC

En este libro biográfico sobre la vida de Claudio vamos a encontrar anécdotas que tocarán el corazón y abrirán nuestra sensibilidad a un mundo de posibilidades que nos harán soñar y convencernos de que, cuando se tiene a Dios, se tiene todo lo necesario para triunfar en la vida. Para mí escribir una recomendación sobre él es un honor y un desafío porque quisiera que el planeta entero conociera que, compartir con Claudio, es motivación suficiente para nunca desmayar, por más difícil que sean las pruebas que enfrentamos en nuestro diario caminar.

Quiero compartirles una intimidad de su carácter que habla de quién es Claudio. Cuando él llegó a Estados Unidos, nuevamente se enfrentó al rechazo, a la oposición, a la desilusión. En ese momento, como vivíamos juntos, él consideró regresar a Argentina y como cualquiera de nosotros en un mal día, llegó a considerar tirar la toalla, pero fue algo temporal.

Claudio se sacudió y salió a hacer una labor de ventas como pocos lo han hecho en la vida. Él iba por librerías anglosajonas haciendo una labor titánica porque su mecanismo de comunicación era *"Google translator"*, ya que él no dominaba el idioma todavía. Cuando la venta llegaba al punto más álgido que es el cierre, me llamaba para hablar con la persona encargada de la compra y yo confirmaba lo que él había comunicado con una claridad que me impresionaba.

Así empiezan los grandes, con desafíos, como todos. Hoy ya es un nombre reconocido en el ámbito editorial porque siguió caminando hacia lo que Dios tenía reservado solamente para Claudio De Oliveira. Nunca habló mal, nunca se quejó y fue probado hasta el punto de quiebre; quien lo conoce íntimamente sabe perfectamente que fue así.

Claudito, la definición de amigo se perfecciona en ti y me gozo de que tienes claro que hay que confiar en Dios porque el resto vamos a fallar en algún momento. Sigue adelante que lo mejor está por venir.

GUSTAVO BARRERO
Empresario
Orlando, Florida

La historia de Claudio es una extraordinaria muestra de que contamos con un Dios extraordinario y la fe puesta en Él, funciona. Gracias, Claudio, por escribir este testimonio de cómo el amor puesto en acción hace una diferencia bisagra, aún en la vida de aquellos que tenían todas las de perder, pero a través de la fe en Jesús y con el amor práctico de otros encontraron todas las de ganar.

Lee este libro con atención. Hará una diferencia en tu corazón y te animará a participar de la obra de redención amorosa que Dios quiere hacer contigo.

DR. LUCAS LEYS
Fundador de e625.com

Dios es un gran tejedor de tapices, un gran narrador de historias, un hacedor de puentes, un compañero de viaje... y para eso, usa gente común y corriente como nosotros. Pero muchas veces no logramos verlo.

A través de Claudio, Dios me conectó con gente, Dios me acompañó en las rutas de Misiones, Dios me bendijo y—no se escandalicen—hasta me cebó mates en un set de cine. Sin tener los atributos teologales (no sé cómo lo hace), Claudio está en todas partes, conoce a todo el mundo, siempre está al tanto de todo. Sin duda es uno de sus atributos ocuparse de los demás, interesarse; desde el llano, siendo uno más, o ya convertido en empresario, bendiciéndote justo a tiempo cuando lo necesitas.

Este libro te va a bendecir. Y te dejará conocer a un hombre que logró vencer obstáculos y lograr cosas extraordinarias. Quizás te ayude dejándote saber que Dios puede hacer lo mismo contigo.

ESTEBAN R. FERNÁNDEZ
Pastor de la Comunidad Cristiana Global en Miami
Fundador del ministerio de capacitación bíblica y liderazgo *Nuestra Fortaleza*
Profesor visitante del Centro de Estudios de la Biblia de Jerusalén

Dios es un Dios grande y amoroso que nos procesa a todos y nos prepara para usarnos como sus instrumentos. En este libro, mi amigo Claudio nos presenta todas las vicisitudes que tuvo que atravesar para ser ese hombre nuevo que Dios está utilizando como medio para bendecir miles de vidas a través de su ministerio. Estoy convencido de que este libro marcará un antes y un después en la vida de quienes llevan marcas que, como Mefiboset, nunca planearon cargar. He escuchado el testimonio de Claudio y cada palabra testifica de cuán grande es el amor de Dios para con nosotros.

ROBERT GREEN
Vocalista, Grupo Barak

Hace mucho tiempo que disfruto de la amistad con Claudio. Cuando, por primera vez me contó su testimonio, quedé impactado, sorprendido y a la vez admirado por el poder restaurador del Señor Jesucristo en su vida. El abuso suele dejar heridas en el alma y grietas destructivas que deforman la naturaleza humana, pero la abundante y poderosa gracia de Dios en Claudio no permitió que ninguna de esas dos cosas afectara su vida. El testimonio es impactante, pero el tesón, la dedicación y el ahínco con que Claudio se ha dedicado a cambiar el curso de su historia y de su descendencia es admirable. Al leer este libro, quizás una lágrima corra por tu mejilla, pero te inundará de gozo al comprobar cómo Dios puede cambiar una vida y transformar generaciones, cuando uno le dice sí a Jesús.

OMAR DALDI
Director de Editora Vida
Brasil

Cuando Dios restaura y transforma vidas destrozadas, toma las crisis del pasado más los sufrimientos de hoy y los convierte en bendiciones para una vida feliz. ¡De esta manera Dios te muestra todo lo que es capaz de hacer por amor a ti! *El Rey David dice: "Mi vida corría peligro, y él me libró de la muerte; me puso sobre una roca, me puso en lugar seguro. Me enseñó un nuevo himno para cantarle alabanzas. Muchos, al ver esto, se sintieron conmovidos y confiaron en mi Dios.* (Salmos 40:2-3 TLA) Eso mismo sucederá con este libro; el poderoso testimonio de Claudio De Oliveira te conmoverá y afirmará tu fe. Conozco desde hace años a Claudio y a su familia, y sé que su transformación es auténtica y su vocación de ayudar y servir a Dios y a la gente también es genuina. *Que nada detenga tus sueños* te ayudará a descubrir que, a pesar de lo que hayas pasado o de lo que estés sufriendo hoy, Jesucristo convertirá esas crisis en una vida plena de gozo y hará resplandecer en ti el amor de Jesús. Verdaderamente te recomiendo que leas y disfrutes este libro.

JORGE LEDESMA
Fundador y Pastor *Iglesia Cristiana Internacional*
Chaco, Argentina

Recuerdo tan nítido en mi mente: terminaba de predicar en un congreso en Posadas, Argentina, y, al salir del auditorio, en la puerta principal, me saluda un joven que tenía una cara sonriente, pero aún humedecidas sus mejillas denotando que había estado llorando. Me mira fijamente sosteniendo su mate y termo en sus manos y me dice: *"¿Me regalas un minuto? Quiero contarte algo que me pasó hoy"*.

Ese día conocí a Claudio De Oliveira y parte de su historia, que deseo profundamente puedas leer en este libro. Junto a mi esposa, Damaris Calviño, hemos sido testigos en primera fila del amor y la fidelidad de Dios en su vida.

Tienes que leer este libro porque sus hojas están impregnadas de palabras respaldadas por vivencias personales y principios que provocarán un cambio profundo en la vida de sus lectores.

Los invito a conocer una historia más de cómo las estadísticas decían que estábamos frente a un caso perdido, sin esperanza, y Su Gracia y Amor dijeron: *"Claudio, eres mi hijo e instrumento para bendecir las naciones de la Tierra"*.

Claudio, Jimena, Luca, Mateo y Anna, los amamos.

MENNY ESCOBAR
Pastor y conferencista
Director de SAETAS, Movimiento global para nuevas generaciones

Cualquier persona que ama a las personas y quiere hacer una diferencia en el mundo, debe leer la historia de mi amigo Claudio. Este libro nos recuerda la gracia y misericordia de Dios, pero también nos recuerda que aún cuando el dolor e incertidumbre están presentes, Dios se glorifica y usa a las personas para cumplir sus propósitos. Dicen que los que han recibido heridas, hieren; y es por eso que la historia de Claudio es una bella contrapropuesta a lo que el curso natural de la humanidad es. La historia de Claudio nos recuerda que Dios nos perdona y nos da capacidad para perdonar para luego, poder ser parte de lo que Él está haciendo en el mundo; y ser usados para su gloria.

EMMANUEL ESPINOSA
Productor, conferencista y líder de la banda Rojo

CONTENIDO

DEDICATORIA

A Jesús, mi única fuente de inspiración, quien me lleva a trabajar de manera incansable a ser como Él, puro y simple.

A mis amores, razón de mi existir: LUCA, MATEO, ANNA y mi amada JIMENA.

AGRADECIMIENTOS

Si realmente escuchas al Señor tu Dios, y cumples fielmente todos estos mandamientos que hoy te ordeno, el Señor tu Dios te pondrá por encima de todas las naciones de la tierra.

(DEUTERONOMIO 8:1)

Has cumplido y todos los días cumples tus promesas en mí. Nunca me has fallado. Mi Dios, mi Padre, Tú eres el primero a quien agradezco toda mi vida. Te apropiaste de un niño desvalido e hiciste de mí un hombre de bien. Me concediste mi mayor deseo: mi preciosa familia.

Sin embargo, en mi tortuoso camino te mantuviste arrancándome de las garras del enemigo, y pusiste a tu servicio a muchas personas para llevarme por los caminos correctos y enseñarme desde lo más complejo, hasta los detalles más ínfimos que sabías que necesitaría para cumplir tu propósito en mí. Tú y tu *"equipo de trabajo"* hicieron de mí el hombre que soy.

¿Habrá otra palabra mayor que *"Gracias"*? Recibe mi adoración y mi lealtad para siempre, mi Padre, mi Dios. Sin ti, tu gracia y tu favor, nada soy.

Jimena, mi gran amor, gracias por ser el complemento ideal en mi vida. Tu amistad, tu paciencia y tu dedicación me inspiran día a día. Eres la mejor madre del mundo para Luca, Mateo y Anna, los tesoros hermosos que Dios nos regaló, motivos de alegrías y desafíos diarios.

A mis pastores Frank y Zayda López, siempre digo que fueron y son instrumentos inigualables en nuestro crecimiento como familia y en nuestras vidas empresariales. Gracias por amarnos tanto y cuidarnos siempre como familia, de manera incondicional, a cada uno por igual.

Gracias a Heriberto Anconetani por creer en mí cuando nadie lo hizo; por ver en mí el empresario que soy, antes de que lo viera yo.

A Carlos Poulitou, aunque no está más entre nosotros, fue alguien que, sin conocerme, me dedicó tiempo y enseñanzas.

A la familia Messina por darme amor y enseñarme los modales que iba a necesitar para cumplir el plan de Dios.

A Editorial Peniel por enseñarme a amar los libros, algo que me acompaña en mi vida personal y empresarial. Allí fue donde aprendí a inspirar a otros con escritos.

A mis amigos incondicionales que son muchos, por estar siempre conmigo y por mí, cuando los he necesitado.

A Xavier Cornejo, mi ñaño, que siempre creyó en este servidor y también está en los detalles de este libro.

A Carlos Mraida por sus consejos, siempre en los tiempos de Dios.

A los amados pastores Ledesma, Jorge y Alicia, por siempre creer en lo que Dios tenía preparado para mí y brindarme su amistad incondicional.

A Robert Green y la familia BARAK, por su confianza en mí.

A Joan Bonilla y su esposa Yesenia, por su lealtad y su amistad incondicional.

A Ofelia Pérez, por trabajar este libro con tanta dedicación; eres la mejor.

A la familia Kruger, por estar siempre en todas las etapas de mi vida.

A los hermanos Manenti, Dios los ama mucho.

A Pedro Villegas y familia.

A mi iglesia, Jesus Worship Center, gracias por tanto amor.

A mi equipo de profesionales en RENACER EDITORIAL porque sin ustedes este sueño no sería posible: Débora, Pablo, Mauricio, Xavier, Jimena, Daniela, Ofelia, Gisela.

A mi madre, Doña Isolmira Pereyra; aunque ya no estés con nosotros en esta tierra, quiero que todos sepan (tú también) que te admiro y te doy las gracias. Fuiste huérfana a los 4 añitos, te casaste a los 15, tuviste 8 hijos… A pesar de no tener recursos y vivir en la pobreza, te animaste a criar a este servidor con mucho amor y consejos de trabajo y honestidad. Y, sin importar las situaciones feas que te tocó vivir, le añadiste a mi vida algo tan importante que me marcó para siempre: tus palabras de aliento para mis sueños. Jamás me desanimaste cuando soñaba, aunque las circunstancias lo hicieran ver imposible. Tú me ayudaste a insistir en ver un mundo distinto al que vivíamos. ¡Gracias, mamá! Es seguro que Dios te tiene en su gloria. Te amo.

EXTRACTO

CANCIÓN PARA UN NIÑO EN LA CALLE

No necesito visa pa' volar por el redondel
Porque yo juego con aviones de papel
Arroz con piedra, fango con vino
Y lo que me falta me lo imagino.

Fuente: Musixmatch

Letra inspirada en el poema *"Hay un niño en la calle"*,
de Armando Tejada Gómez

Cantada por Mercedes Sosa

Compositores: René Pérez / Armando Tejada Gómez /
Popi Spatocco / Ángel Ritro

PRÓLOGO

Leyendo el manuscrito de este maravilloso libro, mi corazón se llenaba de fe, esperanza, amor, y, sobre todo, del sentir de que Dios es un Dios de detalles, y que su soberanía es perfecta. Veo la vida de un niño que fue protegido, escogido y promovido porque Dios así lo quiso, y hoy en día es un hombre lleno de Dios con una familia preciosa y una sabiduría única.

Lo que el hombre abandonó, Dios lo llenó.
Lo que el hombre despreció, Dios lo valoró.
Lo que el hombre destruyó, Dios lo restauró.
Y donde el hombre no podía más, Dios manifestó su gracia.

Que nada detenga tus sueños inspira a creerle a Dios por lo imposible porque es una historia real donde, a pesar de circunstancias muy difíciles y dolorosas, la perseverancia y la entrega a un Dios vivo marcó la diferencia. Estas son las cosas que les suceden a todos aquellos que ponen su fe y su esperanza en Jesús. Con Él sabemos dónde comenzamos, pero muchas veces es imposible imaginar dónde vamos a terminar cuando caminamos de su mano. Ciertamente Él nos lleva a lugares que jamás imaginábamos.

Claudio, gracias por compartir con todos nosotros tu historia tan poderosa y, sobre todo, gracias por mostrarnos un Dios que es Padre, un Dios que es fiel y verdadero y un Dios que todo lo hace nuevo. Eres un gran ejemplo para todos nosotros. Como líder, empresario, esposo, papá y como cristiano, puedo decir que eres una inspiración. Tu comienzo de vida fue muy difícil, pero tu presente de vida es una luz poderosa del mensaje restaurador de nuestro Dios, y de esa vida de abundancia que Él prometió.

Que nada detenga tus sueños es la historia de todo lo que Dios hace real, cuando hay un corazón que le cree y que aprende a depender de Él en todo momento; cuando hay un corazón que decide obedecerle e invocarlo cada mañana, y cuando hay un corazón solo y roto, que decide darle una oportunidad al Dios que es un alfarero por excelencia.

FRANK LÓPEZ
Fundador y Pastor
Jesus Worship Center
Doral, Florida

INTRODUCCIÓN

YO SÉ QUE DIOS EXISTE

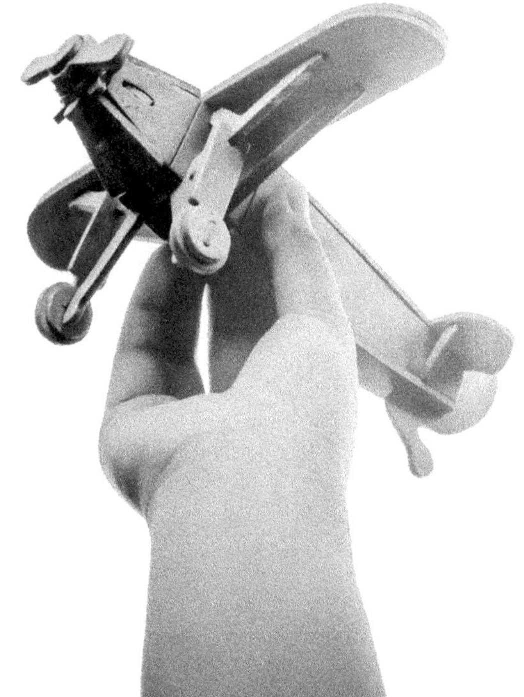

Aunque mi padre y mi madre me abandonen,
el Señor me recibirá en sus brazos.

SALMOS 27:1

El niño no quería separarse de su papá, pero la insistencia de los médicos que afirmaban que no podía quedarse, y las palabras de su padre: *"No te preocupes, mañana todo estará bien, volveremos a jugar juntos... Y pronto traeremos a mamá, y los tres seguiremos con esta aventura... Pero ahora anda y vuelve a casa"*, le dieron calma y lo convencieron de regresar a la habitación de uno de los tantos *"conventillos"* que servían de albergue a miles de inmigrantes.

Al día siguiente apenas pudo esperar que amaneciera para correr al hospital. Pero no lo encontró. Preguntó y nadie supo darle noticias. Pasaron los días, y nunca más volvió a ver a su padre ni supo nada de él. Con lágrimas corriendo por su rostro, se resignó a semejante pérdida.

Prematuramente, con solo doce años, en un país nuevo y absolutamente solo, comenzó su vida adulta, saliendo a trabajar y *"haciéndose hombre"* a los golpes y a la fuerza. ¿Su hogar? La calle. Muchos años después, su hijo me compartió esta historia. Con los ojos llenos de lágrimas concluyó con una punzante pregunta: *"¿Y tú aún crees que Dios existe?"*.

La pregunta atravesó mi corazón. No venía de un ateo teórico, sino de un corazón desgarrado que, ante la vida sufrida de su padre, reaccionaba con incredulidad. No era momento de persuadirlo con argumentos. Desde mi presente podía entender su falta de esperanza, la de un hombre enfrentando soledad y dolor que no podía creer en un Dios bueno con la historia que llevaba dentro.

¿Qué palabras decir para vencer esa sensación de cruel abandono? ¿Cómo convencer de que Dios ama y acompaña, cuando la vida ha persuadido de lo contrario?

Yo quisiera que todos los niños de la calle pudieran cambiar su estrella y tener un final esperanzador como el mío; que pudieran conocer al Dios que protege, salva y sana… un Dios que revela propósito aun en medio de la podredumbre y las amenazas de muerte.

La mentalidad del niño de la calle es de pura sobrevivencia; el niño que *"sobra"*, porque así lo definen. Cuán difícil es tener identidad cuando todo te dice que no importas, que estás de más en este mundo. Ese niño se ve obligado a hacer lo que sea para existir, sin poder construir por sí mismo un sentido de moral ni medir los riesgos que lo acechan.

Al final, los niños de la calle crean su propia cultura, que piensan que los protege de tanto dolor, aunque solo luchen por sobrevivir. Su vida se centra en ellos mismos, y debido a lo que enfrentan, se les hace difícil creer en un Dios que los cuida y les ofrece un mundo mejor, cuando ni siquiera logran verlo.

¿Qué esperanza pueden tener cuando cada día ven pasar personas que no los miran dos veces ni tienden su mano? Todos siguen de largo, como si fueran una plaga. Pienso en ellos y recuerdo mis propios días en la calle, cuando solo vi a quienes Dios envió para rescatarme.

Te pregunto: ¿Cuántas veces le has pasado por el lado a un niño de la calle y has apartado la mirada, has cruzado la calle para evitarlo o, por el contrario, le has preguntado qué podías hacer por él o has ofrecido comprarle comida?

He visto y vivido que lo que salva al ser humano de sí mismo, de la maldad y de las tentaciones, son los sueños de superación que Dios pone en el corazón. Llegan de manera inexplicable, junto con *"ángeles"* vestidos de personas que aparecen justo a tiempo para cumplir su misión de rescate, aunque no entiendan por qué.

La ausencia de un padre no es solo la falta de un abrazo, es un eco que resuena en la vida. Sin embargo, he aprendido que incluso en medio de ese vacío, Dios puede hablar más fuerte y convertir la pérdida en semilla de esperanza. Cada herida puede transformarse en una puerta hacia la sanidad, cada lágrima en un rastro que conduce a la gracia.

Cuando pienso en los niños de la calle, imagino que cada uno de ellos lleva en sus ojos un libro que nadie se atreve a leer. Son páginas vivas que gritan: *"mírame, existo, aún tengo valor"*. Y aunque la sociedad los ignore, sé que el cielo los conoce por nombre. Donde los hombres ven despojos, Dios ve futuros líderes y soñadores.

Yo mismo fui uno de esos niños, caminando por calles donde la esperanza parecía extinguida, y aun así descubrí que Dios estaba presente. A veces lo vi en la mano que me ofrecía pan, otras en la mirada compasiva de alguien que no pasó de largo. Esos gestos, que para otros podían parecer pequeños, para mí fueron milagros que me recordaban que la vida valía la pena.

Por eso nunca subestimes el poder de un acto de bondad. Lo que para ti puede ser un instante, para un niño puede significar la diferencia entre rendirse o soñar.

De mi decisión de escuchar la voz de Dios, he aprendido y practicado muchas lecciones que me han hecho el hombre, esposo, padre, ser humano y empresario que soy. Quiero compartir esta historia de fe y perseverancia que puede ayudar a muchos a cambiar su estrella, sus condiciones, y sobre todo su futuro.

Todo esto me lleva de nuevo a aquel joven que me preguntó: "*¿Y tú aún crees que Dios existe?*".

Entre lágrimas contenidas y recuerdos agolpados, solo respondí: "*Déjame contarte mi historia y luego saca tus conclusiones. Pero te aseguro algo: yo soy evidencia de que Dios existe*".

Lo que salva al ser humano de sí mismo, de la maldad y de las tentaciones son los sueños de superación que Dios pone en su corazón.

CAPÍTULO I

EL NIÑO SIN NOMBRE

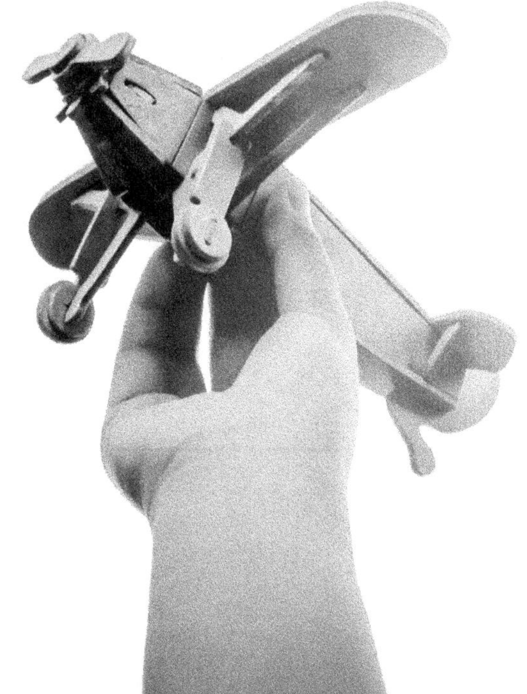

Antes de formarte en el vientre, ya te había elegido;
antes de que nacieras, ya te había apartado; te
había nombrado profeta para las naciones.

JEREMÍAS 1:5

Misiones es una de las provincias más hermosas de Argentina. Su clima tropical, sus selvas exuberantes y las cataratas del Iguazú, las más grandes del mundo, la convierten en uno de los lugares más visitados de la tierra. Pero entre tanta belleza también existen rincones olvidados. Uno de ellos se llama San Javier.

Después de un día sofocante, la noche llegó con tormenta. El cielo se oscureció y los relámpagos se abrieron como heridas luminosas, mientras los truenos sacudían una casa muy pobre. Allí vivía una mujer brasilera, viuda de un cáncer que le arrebató al esposo, madre de cinco hijos que criaba sola. Como si la vida no le hubiera quitado suficiente, esperaba un sexto hijo, cuya llegada parecía inminente.

La lluvia golpeaba con furia el techo de chapa, como si quisiera derribar la esperanza de aquella familia. Dentro de la vivienda, los quejidos de la madre en trabajo de parto estremecían a sus pequeños. Entre ellos estaba una niña, su compañera más fiel, la que nunca la dejaba sola. Fue a ella a quien, entre gritos, la madre le pidió: *"¡Ve corriendo hasta la casa de doña Ramona, y dile que se apure, porque el niño está por nacer!"*.

La niña, temblando bajo la tormenta, corrió con todas sus fuerzas. Llegó a la casa de la partera del pueblo y juntas regresaron. La pequeña, con el corazón latiendo como un tambor, se quedó espiando por el agujero de la cerradura. De pronto, escuchó la voz fuerte de Ramona anunciar: "*¡Es un varón!*". Su rostro se iluminó y corrió a contarles a sus hermanos que había nacido un nuevo integrante de la familia.

Como si la tormenta se hubiera rendido ante ese llanto, el cielo se despejó. Al amanecer, el calor volvió a posarse sobre aquella casa, y los vecinos se acercaron para dar la bienvenida al nuevo habitante de San Javier.

Pero aquella noche tempestuosa fue un presagio. Pasaron los meses y la madre no le puso nombre. Apenas le prestaba atención, dejándolo en manos de sus hermanos mientras ella buscaba en fiestas un alivio para su dolor.

Parecía que los vecinos lo habían recibido con alegría, pero la vida no. El pequeño empezó a crecer con desnutrición grave, parásitos y sarna contagiada por los perros. Sus posibilidades de sobrevivir eran mínimas.

En la casa vecina, una abuela acababa de enterrar a su nietecito. Al ver el descuido del niño, le dijo a su hija: "*¿Por qué no lo adoptas?*". La joven, con el corazón aún roto, respondió: "*Mamá, acabo de enterrar a mi hijo, ¿quieres que entierre a otro?*". La abuela asintió, resignada. Pero esa noche no pudo dormir.

El llanto del niño, gimiendo de hambre y malestar, atravesaba la pared como un llamado imposible de ignorar. Al amanecer, la mujer fue a hablar con la madre. Ella, con frialdad desconcertante, dijo: *"Te lo regalo"*. Palabras duras, despiadadas, que sin embargo salvaron la vida de aquel bebé. Porque, aunque la biología lo negó, Dios ya había decidido estar con él desde el vientre de su madre.

Un nacimiento errático, un acto de abandono y desamor no determinan un destino. Esa mujer comenzó los trámites de adopción, y el 4 de mayo de 1975 ese niño, regalado y sin nombre, fue inscrito como Claudio De Oliveira.

"Hay mucho por hacer aquí, este niño no se puede morir. Cúrale los parásitos, sácalo de la sarna, devuélvele la vida". Esa fue la decisión de su nueva madre. No era fácil: atravesaba un proceso de separación, tenía cuatro hijos más que alimentar y recursos escasos. Pero poseía un corazón más grande que sus fuerzas y no dudó en luchar.

Con manos temblorosas pero decididas, comenzó a sanar lo que parecía imposible. Cada remedio casero, cada plato de comida, cada abrazo, fueron ladrillos con los que construyó la vida de un niño al que el mundo había desechado. Lo que parecía condena se transformó en esperanza.

Ese niño sin nombre no fue tragado por la tormenta. Fue rescatado por un acto de amor que desafió la lógica y superó la miseria. La madre adoptiva no solo le dio cuidados: le entregó un futuro.

Y Dios, que ya lo había separado desde antes de nacer, convirtió esa historia de abandono en la semilla de un propósito mayor.

Hoy puedo afirmar que un destino no está definido por el rechazo, sino por el amor que lo rescata. Lo que comenzó con dolor, continuó con esperanza. Porque ese niño sin nombre nunca estuvo realmente solo: siempre estuvo en las manos de Aquel que transforma la fragilidad en fuerza y la pérdida en promesa.

CAPÍTULO 2

EL JUEGO DE SOBREVIVIR

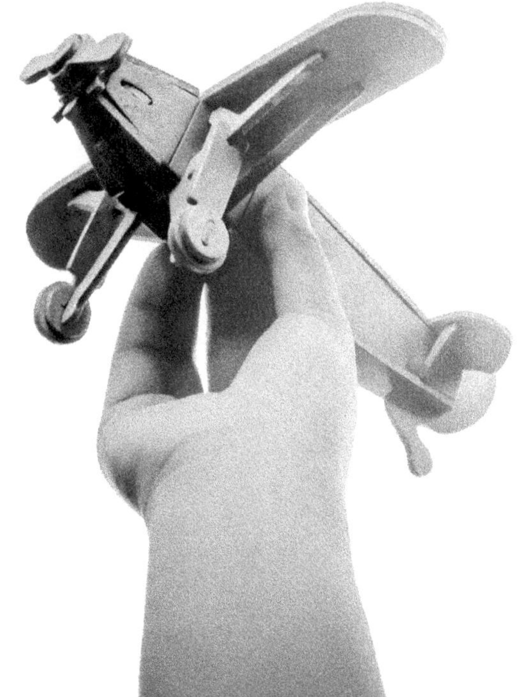

El Señor me llamó desde el vientre,
desde las entrañas de mi madre tuvo
mi nombre en memoria.

ISAÍAS 49:1

En la provincia de Misiones, donde la selva se levanta como un muro verde y húmedo, donde los días parecen siempre cargados de sol o de tormenta, comenzó una etapa de mi vida que me enseñó a mirar la existencia como un terreno de lucha más que de juego. Allí, en la pequeña localidad de Leandro N. Alem, aprendí desde muy niño que sobrevivir no era un instinto que nacía por naturaleza, sino una disciplina que se imponía a fuerza de golpes, de miedo y de lágrimas contenidas.

Nuestra casa era un rancho pobre, construido con lo que había a mano, levantado en un terreno donde la tierra colorada se pegaba a los pies como si quisiera recordarnos que nunca seríamos del todo libres. El techo de chapa sonaba como un tambor en cada tormenta, y el viento encontraba rendijas por donde se filtraba, trayendo consigo el frío y el silbido de la noche. Allí vivíamos, o más bien, resistíamos. No había lujos ni comodidades, solo la certeza de que cada día era una nueva oportunidad de seguir existiendo.

Tenía apenas cuatro años cuando empecé a comprender que la infancia que otros disfrutaban estaba lejos de mi alcance. No había juguetes en mi mundo, no había tardes de juegos despreocupados. Mi entretenimiento consistía en correr por encargo, en llevar agua del pozo que quedaba a varios metros de la casa, en cortar pasto o en juntar leña para que hubiera fuego en la cocina. Eran tareas demasiado pesadas para mis manos pequeñas, pero nadie se preguntaba si podía con ellas: simplemente debía hacerlas.

El pozo, profundo y oscuro, se convirtió en mi primer monstruo. Había que atravesar un sendero de tierra, rodeado de vegetación espesa, para llegar hasta él. En mi mente de niño, cada ruido era una amenaza: el crujido de las ramas podía ser una serpiente, el aleteo de un pájaro nocturno podía convertirse en presagio de algo peor. A veces, cuando me acercaba con los baldes, el simple eco de mis pasos me hacía temblar. Imaginaba caer dentro, sin que nadie me escuchara, tragado por esa boca de tierra que parecía ansiosa de devorarme. Y sin embargo, debía hacerlo una y otra vez, porque de ese pozo dependía la vida de la casa.

Mis hermanos mayores disfrutaban contarnos historias de terror sobre serpientes que aparecían cerca del camino, sobre animales que merodeaban en la selva. No sé si lo hacían para asustarnos o porque realmente lo habían visto, pero a mí me bastaba con escucharlo para que cada sombra cobrara vida. Caminaba con los baldes en la mano y con el corazón latiendo desbocado, rogando que no apareciera nada en mi trayecto. Si la infancia de otros era un tiempo para soñar, la mía era un tiempo para escapar del miedo.

Pero no solo la selva y el pozo se convirtieron en mis pruebas. También lo hicieron las voces de mis compañeros en la escuela. Allí descubrí que las palabras podían doler tanto como los golpes. Me llamaban *"mocoso"*, *"adoptado"*, *"hijo regalado"*. Eran insultos que rebotaban en las paredes de mi corazón y se grababan como cicatrices invisibles. Al principio no entendía por qué me llamaban así, pero pronto comprendí que aquellos apodos escondían una verdad que yo mismo desconocía por completo.

Como si no fuera suficiente, comencé a tartamudear. Cada vez que intentaba hablar, las palabras se atascaban en mi garganta y salían a trompicones, entrecortadas, tropezando unas con otras. Lo que para otros era natural —abrir la boca y dejar fluir lo que pensaban— para mí se convertía en un campo de batalla. Y en ese campo casi siempre perdía. Bastaba con que dijera una frase para que las risas estallaran a mi alrededor. Esa burla constante me obligó a guardar silencio. Era mejor callar que ofrecerme como espectáculo. Así fue como empecé a esconder mi voz, como quien protege un tesoro frágil que no quiere volver a ver destrozado.

En casa hablábamos portugués, en la calle español, y en mi interior un portuñol enredado que no lograba encajar en ninguna parte. Era como si ni siquiera las palabras quisieran darme un lugar al que pertenecer. Entre la tartamudez, la mezcla de idiomas y las burlas, me fui convenciendo de que mi voz no tenía cabida en el mundo.

El trabajo, el miedo y el rechazo se transformaron en mis primeros maestros. Aprendí que la vida no era un sendero bordeado de flores, sino un terreno árido donde había que aprender a resistir o quedar atrás. Yo no jugaba como otros niños: yo jugaba a sobrevivir. Y en ese juego no había risas, no había premios; solo la recompensa de llegar vivo al final del día.

Recuerdo tardes enteras regresando de la escuela con el peso de los insultos cargando en mi espalda, noches en las que el sueño se mezclaba con pesadillas de pozos sin fondo y serpientes que me acechaban, mañanas en las que debía levantarme temprano para cumplir con tareas que nunca se ajustaron a mi edad. Poco a poco, la inocencia fue cediendo espacio a la desconfianza. Cada mirada ajena podía esconder un juicio, cada palabra podía ser un arma.

Fue en esos años que descubrí la frase que marcaría mi identidad como una herida: *"Él no es de sangre"*. No la escuché una sola vez, sino muchas, en reuniones familiares, en comentarios lanzados como si no dolieran, en comparaciones que me dejaban al margen. Aquellas palabras eran un recordatorio constante de que, aunque vivía en una casa y tenía un apellido, había algo en mí que no encajaba. Era como si mi lugar en el mundo estuviera en préstamo, condicionado, siempre bajo sospecha.

Al principio no entendía del todo lo que significaba. Pero lo sentía. Sentía el rechazo en miradas que me desnudaban, en silencios que hablaban más fuerte que los gritos. Comencé a creer que estaba en esa casa por compasión, no por amor. Me convencí de que mi vida dependía de la lástima, no de un vínculo verdadero. Y esa creencia se convirtió en un fantasma que me acompañaba a cada paso.

La figura de mi madre biológica apareció en mi mente como una sombra invisible. Nunca la había visto realmente, pero la imaginaba una y otra vez. Me preguntaba por qué me había dejado, qué había visto en mí para entregarme, qué error llevaba en mi ser que la convenció de que no valía la pena luchar por mí. Las preguntas eran dagas: ¿Qué hice mal para no merecer ser hijo de nadie? ¿Qué defecto llevaba tatuado en la piel para ser regalado?

Cada vez que escuchaba a otros niños hablar de sus padres con orgullo —*"Mi papá me enseñó esto"*, *"Mi mamá me contó aquello"*— yo sentía que la tierra se abría bajo mis pies. No tenía esas historias que contar, no tenía raíces en las que sostenerme. Aunque mi madre adoptiva me cuidaba y me dio lo que pudo, aunque su corazón fue más grande que sus recursos, la semilla de la inseguridad ya estaba plantada. Y crecía en silencio, como la maleza que asfixia lo poco que intenta florecer.

Ni los abrazos ni las palabras de ánimo lograban borrar esa sensación. Era como si llevara una etiqueta invisible que gritaba al mundo: *"No perteneces"*. Esa herida de identidad me acompañó durante muchos años, marcando mi carácter, endureciendo mi piel, empujándome a buscar un sentido más profundo en un mundo que parecía negarme un lugar.

Mi niñez fue un campo de batalla. Por un lado, la guerra externa: contra la pobreza, el miedo, la burla. Por otro, la guerra interna: contra la certeza dolorosa de no ser hijo, de no tener raíces donde afirmar mi nombre. En ambas guerras el precio era alto, pero descubrí algo: incluso en el juego cruel de sobrevivir, siempre queda una chispa de esperanza, una luz mínima que se niega a apagarse.

Empecé a comprender que la vida me estaba entrenando a la fuerza. Cada burla en la escuela era un ensayo de resistencia, cada tarea en el campo era un recordatorio de que debía ser más fuerte de lo que aparentaba, cada silencio que guardaba era un escudo que me enseñaba a observar en lugar de hablar. Así, sin darme cuenta, la fragilidad de mi niñez se iba transformando en un aprendizaje secreto, en una especie de disciplina que más tarde sería la base de mi carácter.

Pero había noches en las que el dolor se hacía insoportable. Cuando me acostaba en el catre de madera, escuchando el silbido del viento colarse por las rendijas de la chapa, me preguntaba por qué yo había sido el elegido para esa vida. ¿Qué había hecho para cargar con un destino de abandono y desprecio? A veces imaginaba que tal vez había algún error: que mi madre biológica regresaría un día y me llevaría consigo, que me explicaría que todo había sido un malentendido. Pero la realidad era otra: la puerta nunca se abrió para traerla de vuelta. Y ese silencio se volvió la respuesta más cruel.

La adolescencia llegó, pero no trajo alivio. Más bien profundizó las preguntas. Sentía que debía demostrar mi valor a cada instante, como si el mundo me pusiera a prueba para ver si merecía un lugar. No bastaba con estudiar, no bastaba con trabajar: siempre había una voz interior que susurraba que no era suficiente, que nunca sería suficiente. Esa voz tenía el eco de aquella frase: *"No es de sangre"*. Y aunque pasaban los años, ese eco seguía retumbando.

Sin embargo, entre tanta dureza, aparecieron destellos de luz. Personas que, sin proponérselo, me mostraron que podía soñar. Algún maestro que vio más allá de mi tartamudez y me animó a leer en voz alta, aunque me temblara la voz. Algún vecino que me ofreció trabajo no solo para pagarme, sino para enseñarme que podía ser útil. Pequeños gestos que parecían insignificantes, pero que para mí eran señales de que Dios no me había olvidado.

Con el tiempo comprendí que esos destellos eran como semillas que Él iba plantando en mi camino. No siempre germinaban de inmediato, pero estaban allí, escondidas bajo la tierra de mi dolor, esperando el momento de brotar. Y aunque en aquel entonces yo no podía verlo con claridad, ahora sé que cada encuentro, cada palabra, cada abrazo oportuno, era parte de un plan mucho más grande que mi sufrimiento.

Hubo un día en que, mientras cargaba agua del pozo, me detuve y observé mi reflejo en la superficie. El niño que me miraba desde allí tenía ojeras, los brazos flacos, la piel marcada por la sarna, pero también tenía unos ojos que no se rendían. Fue como si en ese instante escuchara una voz interna que me decía: *"Aún no es tu final. Todo esto es solo el inicio"*. Y aunque no entendía del todo lo que significaba, esa certeza se grabó en mí.

Poco a poco, aprendí que mis batallas no eran una maldición, sino una preparación. El miedo al pozo me enseñó a enfrentar la oscuridad sin huir. Las burlas me enseñaron a valorar el silencio y a descubrir la fuerza de la observación. La tartamudez me enseñó a escuchar más que a hablar, y cuando finalmente encontré mi voz, esa voz llevaba consigo un peso distinto, una autoridad que no se adquiere en la comodidad, sino en la prueba.

El dolor de no ser hijo, de no pertenecer, me obligó a buscar un Padre más allá de lo visible. Y lo encontré en Dios, que ya me había elegido antes de que naciera. Entendí que no importaba cuántas veces me llamaran *"regalado"* o *"sobrante"*: para Él yo era elegido, separado, nombrado con un propósito. Esa revelación no llegó de golpe, sino como un amanecer lento que va despejando la noche. Pero cuando llegó, transformó todo.

Hoy, mirando hacia atrás, sé que sobrevivir fue el juego que me preparó para vivir de verdad. No era un juego cruel sin sentido: era un entrenamiento divino. Cada lágrima fue recogida, cada silencio fue escuchado, cada herida fue convertida en fortaleza. El pozo dejó de ser símbolo de miedo y se convirtió en símbolo de profundidad: aprendí que no debía temer a la oscuridad si llevaba dentro la luz de Dios. Las burlas dejaron de ser dagas y se convirtieron en lecciones: aprendí que lo que otros dicen no define mi identidad. Y el rechazo dejó de ser una marca de inferioridad para transformarse en mi estandarte: aprendí que donde los hombres ven descarte, Dios ve propósito.

El niño que jugaba a sobrevivir no desapareció: sigue viviendo en mí, recordándome que nada está garantizado, que la vida se gana a cada instante, que soñar también es un acto de resistencia. Pero ahora ese niño ya no está solo ni desamparado: está sostenido por las manos de Aquel que lo llamó desde el vientre y que jamás lo abandonó.

Así terminó mi niñez: no como un juego perdido, sino como la primera victoria de una vida que apenas comenzaba. Porque aunque la inocencia fue robada, la esperanza nunca pudo ser apagada. Y en ese crisol de pobreza, miedo y rechazo, nació una certeza que me acompaña hasta hoy: lo que el mundo quiso usar para destruirme, Dios lo usó para prepararme.

Mi historia no comenzó en la fiesta de un nacimiento celebrado, sino en el silencio de un abandono. No comenzó con un nombre que me diera identidad, sino con la falta de él. No comenzó con aplausos ni bendiciones, sino con burlas y desamor. Y sin embargo, en ese inicio quebrado, Dios ya había escrito otra historia: la de un hijo que, aunque regalado por los hombres, había sido elegido por Él para soñar, para luchar, para vivir con propósito.

El juego de sobrevivir me enseñó que no hay herida que Dios no pueda convertir en fuerza, no hay silencio que Él no pueda llenar con su voz, no hay rechazo que Él no pueda transformar en misión. Ese juego cruel fue, en realidad, la antesala de mi destino. Y aunque en aquel entonces lo viví con lágrimas y miedo, hoy puedo agradecerlo, porque me hizo descubrir que la vida no se mide por lo que recibimos, sino por lo que aprendemos a resistir.

Así cierro este capítulo de mi vida, con gratitud. Porque el niño sin nombre que jugaba a sobrevivir encontró en Dios la verdadera identidad: hijo amado, profeta para las naciones, testimonio vivo de que los sueños son más fuertes que las cicatrices.

CAPÍTULO 3

LA MUERTE DE LA INOCENCIA

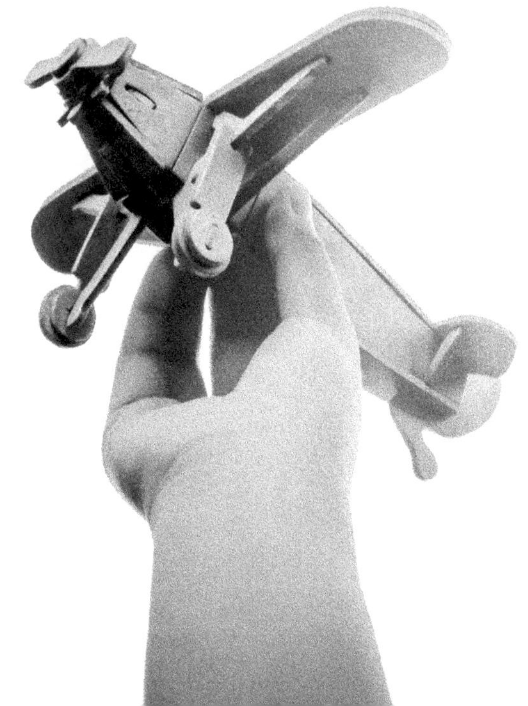

Como perros de presa, me han rodeado;
me ha cercado una banda de malvados;
me han traspasado las manos y los pies.

SALMOS 22:16

Tenía ocho años cuando volví a salir a las calles a vender helados. Mi ciudad, que en otra estación parecía dormida entre murmullos de pueblo chico, en aquella época se llenaba de movimiento. Las empresas tabacaleras, orgullo y motor de la región, convocaban a cientos de comerciantes que llegaban con sus cargas de tabaco. Los camiones se estacionaban uno tras otro, los galpones se abrían, y el aire se impregnaba del olor seco y penetrante de las hojas. Era un tiempo de trueques, de ventas rápidas, de voces alzadas negociando precios. Y para mí, era la oportunidad de ganarme unas monedas, de llevar a casa algo que pudiera convertirse en alimento.

El niño que yo era había encontrado su lugar en ese bullicio. Me decían *"el terror de la siesta"*, porque con mis gritos y mi insistencia no dejaban dormir a nadie. Corría de un lado a otro, cargando la heladera improvisada, ofreciendo mis helados y empanadas a todo aquel que se cruzara. No competía con la fuerza de mis brazos ni con la abundancia de mis productos, competía con mi voz, con mi entusiasmo, con la sonrisa que buscaba conquistar corazones cansados de tanto viaje. Era un juego de supervivencia disfrazado de negocio, y en ese juego yo sabía moverme con astucia.

Los niños de la calle, dicen, son inocentes hasta que la vida se encarga de arrebatarles esa inocencia. Creen con facilidad, confían con hambre, porque su interior clama por alguien en quien apoyarse. La malicia llega después, cuando los golpes de la realidad se hacen imposibles de ignorar. Yo era uno de esos niños. Mi corazón, a pesar de las dificultades, todavía creía en la bondad de los adultos. Necesitaba confiar, necesitaba sentir que no todo en el mundo era abandono o desamor. Esa necesidad me volvió vulnerable.

Un cliente me habló de un lugar al otro extremo de la ciudad. Me aseguró que allí habría tanto movimiento como en el centro, pero sin vendedores que me hicieran competencia. Tenía todavía la mitad de mi carga sin vender, y en mi mente de niño aquello sonaba a promesa de éxito. Sin pensarlo demasiado, decidí que iría. En la calle, cada consejo parecía oro, y este me parecía una puerta abierta.

A medio camino, un hombre con un carro tirado por caballos se ofreció a llevarme. Su gesto parecía amable, casi paternal. En los pueblos, la inocencia colectiva aún sobrevive, y uno se acostumbra a confiar en rostros conocidos o en sonrisas bien ensayadas. No vi peligro en sus ojos; al contrario, me sentí halagado cuando me permitió tomar las riendas y guiar el carro. Tenía apenas ocho años y ya podía experimentar lo que mi hermano mayor me había negado en el campo: conducir, sentir que mandaba sobre un animal fuerte. Esa sensación me llenó de orgullo. No imaginaba que esa confianza era parte de un juego macabro.

Cuando llegamos, el hombre me esperó pacientemente mientras vendía el resto de mis helados. Luego me pidió que lo ayudara a descargar algunas cosas de su carro, y yo, sin sospechar nada, accedí. Me sentía satisfecho: había vendido todo, tenía dinero en el bolsillo, y hasta había vivido la aventura de manejar un carro. Era un buen día, pensé. No podía estar más equivocado.

El hombre me dijo que antes de regresarme a mi casa quería mostrarme algo. Accedí con ingenuidad. Me condujo hasta un descampado, un lugar apartado donde los árboles y la distancia borraban toda posibilidad de ayuda. Allí sacó un cuchillo y, con amenazas que me helaron la sangre, me arrebató la inocencia. Sus manos y su voz se mezclaron con el filo del miedo. Abusó de mí con la brutalidad de quien no ve a un niño, sino a una presa.

El dolor físico fue intenso, pero mucho peor fue el otro dolor: el que se instala en el alma y lo devora todo. Cuando terminó, me dejó tirado en la tierra, adolorido, sangrando, humillado. Sus palabras me perforaron más que el cuchillo: *"Si hablas, te mato. Aunque vaya preso, volveré. Y cuando vuelva, te encontraré y te mataré"*. Esa amenaza se convirtió en un eco interminable en mi cabeza.

Me levanté como pude, tambaleando, con la sensación de haber perdido algo que nunca podría recuperar. El camino hasta la ruta fue eterno. Cada paso era un tormento. Cada sombra era un enemigo. Y en mi interior, el miedo era tan grande que apenas podía respirar. Cuando finalmente llegué a la ruta provincial, milagrosamente, allí estaba Nelson Bueno, esposo de una de mis hermanastras. Él pertenecía a una fuerza de seguridad, y al verme en ese estado se conmocionó. Intentó preguntarme qué había pasado, pero yo no quería hablar. El silencio parecía la única forma de sobrevivir a la amenaza.

Nelson detuvo un vehículo policial que pasaba. El conductor era el sargento Pereyra, nombre que recordaría para siempre. Me llevaron primero a la comisaría y luego al hospital. Llegaron mis familiares. Las noticias corrieron como fuego en pasto seco. El abusador fue detenido y recibió una paliza frente a mis ojos. En mi interior, lo confieso, deseaba que lo mataran. No por justicia, sino por venganza.

Ese día, todo cambió. El niño que yo había sido murió en ese descampado. Lo que regresó fue alguien distinto: desconfiado, agresivo, marcado por una herida que nunca cerró del todo. En mi ciudad, todos se enteraron. El secreto se convirtió en un estigma. Ya no era solo el niño tartamudo, ya no era el adoptado, ahora era el niño abusado. Me cambiaron de escuela, como si un cambio de paredes pudiera borrar la burla. No funcionó. En el nuevo lugar me señalaron con un apodo cruel: me llamaban por el apellido del hombre que me había violado. Era una segunda condena, más dolorosa que la primera.

La inocencia se me escapó como agua entre los dedos. En su lugar nació una rabia ardiente, un deseo de venganza que me consumía. Mi mejor defensa se convirtió en la agresión. Si alguien me miraba mal, yo atacaba primero. Si alguien me desafiaba, respondía con violencia. No era valentía, era miedo disfrazado de furia. Y aunque algunos maestros me protegieron y me ofrecieron comprensión, nada lograba calmar la tormenta que llevaba dentro.

Mis días se llenaron de peleas. La violencia era mi lenguaje. En el coro de la escuela, donde cantaba, encontré un respiro, una grieta por donde se colaba un poco de luz. Allí, poco a poco, la tartamudez empezó a ceder. Pero fuera de ese espacio, era otro: un niño con rostro endurecido, con puños siempre listos, con un corazón que ya no confiaba en nadie.

El odio crecía en mí como una semilla envenenada. Me prometí encontrar a ese hombre algún día y matarlo. No era un pensamiento pasajero: era un plan que repetía en mi mente como un mantra. Su acción no solo me había dañado físicamente, había arruinado mi vida entera. Me había despojado de mi identidad, me había expuesto al escarnio público, me había marcado con un estigma que parecía imposible de borrar.

El odio dentro de mí llegó a ser una hoguera imposible de apagar. No había espacio para la ternura, ni para el consuelo, ni para la fe en los demás. Me levantaba cada día con el rostro endurecido, como si cada amanecer fuera una batalla en la que tenía que salir armado. Aún siendo un niño, vivía como un hombre cansado de guerras, dispuesto a atacar antes de ser atacado. Mi vida se convirtió en un espejo roto: cada fragmento reflejaba algo de mí, pero nunca lograba un todo completo.

La escuela fue un campo ambiguo. Por un lado, era un lugar de burlas crueles, donde me recordaban lo sucedido y me marcaban con un apellido que no era mío. Por otro, había maestras que me miraban con compasión y trataban de rescatar lo poco de inocencia que me quedaba. Me recomendaban para trabajos sencillos: lavar autos, arreglar jardines. Allí, en esas tareas humildes, a veces sentía que podía ser útil, que no todo en mí estaba arruinado. Pero apenas regresaba a la calle, la burla y la desconfianza volvían a levantar muros a mi alrededor.

En casa, la situación tampoco ofrecía refugio. Trabajaba en lo que aparecía para ayudar a una familia que, aunque me había acogido, no me brindaba el cuidado ni la protección que necesitaba. A los pocos años, ya conocía el peso del cansancio en los huesos y la frustración en el corazón. Era un niño que debía asumir el papel de un adulto sin estar preparado. Y en ese desfase se multiplicaba mi rabia.

La rabia, sin embargo, no me hacía invulnerable. Por las noches, en el silencio, volvía a ser un niño quebrado, temblando de miedo. Cerraba los ojos y veía de nuevo ese descampado, el filo del cuchillo, la amenaza que me perseguía como una sombra. Imaginaba que ese hombre volvería, que cumpliría su promesa, que irrumpiría en mi vida para terminar lo que había empezado. El sueño se llenaba de pesadillas, y el amanecer llegaba sin descanso.

Con los años, esa mezcla de furia y miedo se transformó en mi identidad. La gente ya no me veía solo como el niño abusado, sino como el muchacho violento, el que reaccionaba con golpes, el que no dejaba que nadie se acercara demasiado. Era mi coraza, mi única manera de sobrevivir en un mundo que parecía ensañado conmigo. Pero esa coraza también me aislaba, me alejaba de la posibilidad de ser amado y de amar.

Mi sed de venganza creció como un árbol torcido. Planeaba una y otra vez el momento en que me encontraría con aquel hombre y lo mataría. En mi mente, su muerte era la única justicia posible, la única manera de equilibrar la balanza. No pensaba en consecuencias, no pensaba en cárcel ni en castigos: solo en devolverle el dolor multiplicado. Ese pensamiento se convirtió en mi alimento amargo, en la motivación que me mantenía de pie.

Sin embargo, en lo más profundo de mí, había otra voz, tenue, casi imperceptible. Una voz que me recordaba que la vida no podía reducirse a odio y venganza. Esa voz era como un hilo de luz filtrándose por una rendija en un cuarto oscuro. No la entendía, no la aceptaba, pero estaba ahí. Con el tiempo descubriría que era la voz de Dios, sembrando una semilla de esperanza incluso en el terreno más árido de mi corazón.

El día en que comprendí que mi inocencia había muerto no fue solo el día del abuso, sino todos los días posteriores en los que me sentí señalado, avergonzado, rechazado. La muerte de la inocencia no fue un instante, fue un proceso, un goteo constante que me vació poco a poco. Pero lo que en ese momento no podía ver era que, en medio de esa muerte, también estaba naciendo algo nuevo. La rabia me enseñaba a no rendirme. El dolor me empujaba a buscar un sentido. La vergüenza me obligaba a descubrir un valor más profundo que el que los demás podían darme.

La vida continuó, aunque yo sentía que se había detenido en ese descampado. Continuó con sus exigencias, con sus golpes, con sus pocas alegrías. Yo seguí adelante, empujado por la necesidad, por la obligación, por la rabia. Pero en lo secreto, Dios estaba escribiendo otra historia.

Hoy, mirando hacia atrás, puedo ver que aquel episodio que me destruyó también fue el que sembró en mí la semilla de la resiliencia. El niño que murió aquel día dio paso a alguien que, aunque marcado por cicatrices, aprendió a levantarse una y otra vez. Comprendí que el dolor, aunque injusto, podía convertirse en un maestro. Que la vergüenza, aunque cruel, podía transformarse en compasión por otros que sufrían. Que la rabia, aunque peligrosa, podía redirigirse en pasión por la justicia y en fuego por la vida.

La muerte de la inocencia no fue el final. Fue el principio de un nuevo camino. Un camino duro, sí, lleno de piedras y espinas, pero un camino que me enseñó que no estamos definidos por lo que nos hacen, sino por lo que elegimos hacer con lo que nos hicieron.

Ese hombre me robó algo que nunca debió haber tocado, pero no logró robarme el destino. Su maldad fue real, pero más real fue la mano de Dios que, incluso en la oscuridad, no me soltó. Aunque yo no lo entendía entonces, Él estaba allí, recogiendo mis lágrimas, sosteniendo mi vida, preparando mi corazón para un propósito mayor.

Hoy puedo decir que la inocencia murió, pero en su lugar nació la fuerza. La niñez terminó de golpe, pero comenzó un proceso que me convirtió en guerrero. La vergüenza marcó mi historia, pero Dios escribió en esa misma página una palabra más grande: redención.

La muerte de la inocencia fue dolorosa, devastadora, injusta. Pero no fue definitiva. Porque aunque aquel niño quedó tirado en un descampado, también allí comenzó a levantarse el hombre que un día comprendería que la verdadera victoria no está en la venganza, sino en descubrir que tu vida, incluso rota, tiene un propósito eterno.

CAPÍTULO 4

SOÑAR CONTRA TODA POSIBILIDAD

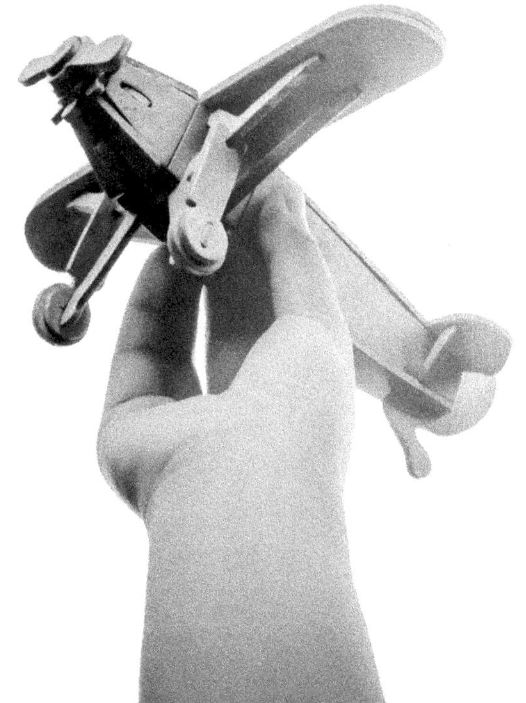

Muéstrame un obrero con grandes sueños y en él encontrarás un hombre que puede cambiar la historia. Muéstrame un hombre sin sueños, y en él hallarás a un simple obrero.

JAMES CASH PENNEY

No importaba cuán roto estaba por dentro ni cuán pesadas fueran las heridas de los días anteriores: siempre encontraba la manera de trabajar. El trabajo era mi refugio, mi forma de huir del vacío y mi boleto para seguir adelante. En el vecindario, la rutina tenía sus propios personajes. Uno de ellos era el dueño de la panadería, un hombre al que veía pasar todos los días en su camioneta de reparto. Se detenía en la despensa de don Musial, dejaba el pan, y seguía su camino con la naturalidad de quien tiene una vida asegurada. Yo lo observaba con una mezcla de admiración y esperanza. Hasta que un día decidí que no podía seguir solo mirando: corrí hacia él y le pregunté, con el corazón latiendo a mil, si no necesitaba un ayudante.

Me miró con una sonrisa y, antes de responder, me preguntó mi edad. *"Nueve años"*, contesté. Entonces, con ese tono que mezcla ternura y desafío, me dijo: *"¿Y te animas a pesar los panes?"*. Sin pensarlo, le aseguré que sí. Fue suficiente para que me respondiera: *"Bueno, te espero en la panadería"*. Corrí de regreso a casa con una sonrisa que no me cabía en el rostro. Era como si se me hubiera abierto una puerta a un mundo nuevo.

El dueño se llamaba don Antonio. Un hombre bueno, con manos marcadas por el oficio, mirada franca y un corazón que no conocía de prejuicios. Él no solo me enseñó a trabajar, sino a entender el valor de cada billete, la importancia de devolver el cambio exacto, el respeto por los clientes. Me mostró el oficio de pesar el pan por kilos, de acomodar las galletas en bolsas, de preparar cada reparto con orden. Yo absorbía cada lección como si fueran semillas que más tarde darían fruto. Pero más que lo técnico, me marcó su manera de tratarme: confiaba en mí. Y esa confianza era como un bálsamo para un niño que había sido tantas veces señalado y rechazado.

Mis días empezaron a tener un nuevo ritmo. A las cuatro de la mañana, cuando la mayoría de los niños aún dormían, yo me levantaba para caminar diez cuadras hasta la panadería. El aire todavía estaba fresco, las calles en silencio, y mis pasos resonaban como tambor de expectación. Allí me esperaba don Antonio con la harina impregnando el aire y el horno encendido como un sol en miniatura. Juntos preparábamos los panes, contábamos las galletas, embalábamos todo para el reparto. A las siete, cuando todo estaba listo, yo partía hacia la escuela. Al mediodía regresaba para seguir ayudando, y al final del día podía llevar pan y algunos víveres a casa. Por primera vez, sentí que el trabajo me daba dignidad y sustento.

Ese tiempo fue un regalo en medio de tanta pobreza. Nunca había celebrado un cumpleaños, porque la escasez no daba lugar para fiestas. Pero un día, cuando cumplí doce años, don Antonio me sorprendió con una torta y bebidas. Mi madre, con lo poco que tenía, preparó empanadas y pizzas. Ese día festejamos como nunca. Fue un cumpleaños sencillo, pero para mí significó todo: era la prueba de que los sueños, aunque pequeños, podían hacerse realidad.

Los fines de semana me permitía lavar la camioneta de reparto. Esa tarea sencilla me daba un ingreso extra y me hacía sentir parte de algo más grande. Pronto descubrí otras oportunidades: hacía jardines, lavaba autos, acompañaba a don Antonio en los viajes de reparto. En cada descarga, en cada jornada, iba creciendo en mí la convicción de que estaba aprendiendo más que un oficio: estaba aprendiendo a soñar.

El sueño de conducir se cumplió temprano. A los doce años, *"oficialmente"*, me dejó manejar la camioneta. Para un niño que había conocido el dolor y la falta, aquel volante era el símbolo de un futuro distinto. Don Antonio me contaba historias de cuando fue chofer de buses de larga distancia, de cómo enfrentaba caminos de barro y tormentas en la ruta. Con esas anécdotas me enseñaba que el trabajo y la destreza podían transformar lo imposible en posible. Yo lo escuchaba con los ojos brillando: él era mi héroe, mi modelo, el hombre que me mostraba que la vida tenía otros caminos más allá de la pobreza.

A medida que crecía, también lo hacía mi círculo. Lavando autos terminé lavando camiones, y pronto hice amistad con sus dueños. A veces me invitaban a acompañarlos en viajes largos, llevaban cargas a otras provincias, y yo iba de ayudante. Mi tarea era sencilla: cebar mates, descargar la mercadería. Pero para mí era una aventura: salir de Misiones, conocer otros lugares, ver horizontes nuevos. Por primera vez, entendí que el mundo era más grande que las calles de mi barrio.

Cada experiencia era un ladrillo en la construcción de mis sueños. Y aunque la realidad seguía siendo dura, aunque el techo de casa se filtraba cuando llovía y la comida no siempre alcanzaba, yo tenía en mi interior una certeza: había algo más esperándome.

Mi madre era como un rayo de luz que se filtraba entre las rendijas de una casa pobre hecha de madera y techo de cartón. No era la mujer más cariñosa ni la más expresiva, pero tenía un don: jamás apagó mis sueños. A pesar de la pobreza, de la lluvia que se colaba por cada rincón, de la comida que muchas veces no alcanzaba, ella nunca me dijo *"no podrás"*. Su respuesta siempre fue alentarme, darme a entender que algún día podría salir de esa situación.

Uno de los recuerdos más tiernos que guardo es verme recostado en sus piernas. Ese regazo era mi refugio, no solo físico, sino emocional. Allí, mientras sentía su calor y escuchaba los ruidos de la casa, me atrevía a soñar en voz alta. *"Algún día voy a comprar un camión, una casa, un auto"*, decía con la inocencia de un niño que no conoce los límites de la realidad. Cualquier otra persona en su lugar hubiera sonreído con lástima o desestimado mis palabras. Ella no. Ella me respondía: *"¡No te olvides de mí! Cómprame una casita también"*. En esas palabras, sin darse cuenta, estaba sembrando en mí la convicción de que los sueños, por imposibles que parecieran, podían alcanzarse.

Muchos años después, volví a verla. Isolmira Pereyra, la mujer que me recogió enfermo y sin esperanzas, estaba internada por un cuadro de gastritis que se agravó. En medio de la urgencia médica, me tomó de la mano con fuerza y me pidió perdón:

"Nunca quise que te pasara lo que te pasó". Su voz temblaba, como si cargara con una culpa que no le correspondía. Yo la miré a los ojos y le dije lo que sentía de corazón: *"Tú nunca tuviste la culpa, te perdono"*. Fue como si una herida abierta encontrara alivio en ese momento. Ella sobrevivió entonces, aunque muchos años después partió para siempre.

Mi madre no tenía recursos materiales para heredarme, pero me dejó algo mucho más valioso: la fe en los sueños. Me enseñó que el aliento sincero puede sostener a un niño cuando todo lo demás falla. Que unas palabras de confianza pueden convertirse en cimientos para construir una vida. Ella era pobre, sí, pero con su actitud me transmitió una riqueza invisible que todavía me sostiene: la certeza de que el futuro no está escrito por la escasez, sino por la fe.

Hoy pienso en sus palabras cada vez que miro a mis hijos. Cuando los veo en el regazo de su madre, soñando con los ojos abiertos, siento gratitud. Porque Dios me regaló la posibilidad de formar una familia y de ser parte de sus sueños. Oro para que sus anhelos sean más grandes que los míos, y para tener la dicha de verlos cumplirse. Me comprometo con ellos, no solo a proveerles, sino a creer en lo que sueñan, como mi madre creyó en mí.

La vida me mostró que no hay familias perfectas, que cada una tiene su historia, sus heridas y sus diferencias. Pero también me enseñó que el amor es capaz de unificarlas, de darles sentido. Hoy, en nuestra casa, oramos juntos, buscamos a Dios, compartimos proyectos. Si mis hijos eligen un camino artístico, sé que tendrán tíos que los guiarán. Si eligen otro rumbo, allí estaré para alentarlos. Aprendí que ser padre no es imponer sueños, sino comprometerse con los sueños de los hijos como si fueran propios.

Por eso, cuando pienso en lo que viví, sé que la enseñanza más poderosa no fue solo la disciplina aprendida en la panadería, ni la alegría de conducir una camioneta a los doce años, ni los viajes con camioneros que me abrieron el mundo. Lo más grande fue descubrir que soñar, incluso contra toda posibilidad, es la fuerza que levanta a un hombre.

La disciplina y el compromiso me dieron herramientas. La pobreza me enseñó a valorar cada oportunidad. Pero el apoyo emocional de mi madre fue lo que me mantuvo en pie. Si ella hubiera apagado mis sueños, quizás habría terminado resignado, aceptando que la vida me condenaba a repetir la historia de abandono y dolor. Pero al creer en mí, me dio alas.

Hoy quiero dejar esta verdad como legado: padres, nunca subestimen el poder de alentar los sueños de sus hijos. No los apaguen con lo que llaman *"realismo"*. No los encierren en el marco de la escasez presente. Porque esas palabras se convierten en raíces que pueden sostenerlos toda la vida.

El niño que alguna vez soñó con un camión, con una casa, con un futuro distinto, encontró en el aliento de su madre y en el ejemplo de hombres como don Antonio la fuerza para avanzar. Aprendí que no hay sueño demasiado grande para quien se atreve a creer. Aprendí que los sueños no solo sobreviven a la pobreza: florecen en medio de ella cuando alguien los riega con fe.

Soñar contra toda posibilidad no es un lujo, es un acto de resistencia. Es decirle al dolor que no tendrá la última palabra. Es levantar la mirada en medio de la escasez y afirmar que lo imposible también puede ser real. Y es comprender, al final de todo, que los sueños no son solo nuestros: pertenecen a Dios, que los siembra en el corazón como un mapa hacia el destino que Él preparó.

CAPÍTULO 5

DE HUÉRFANO A HIJO

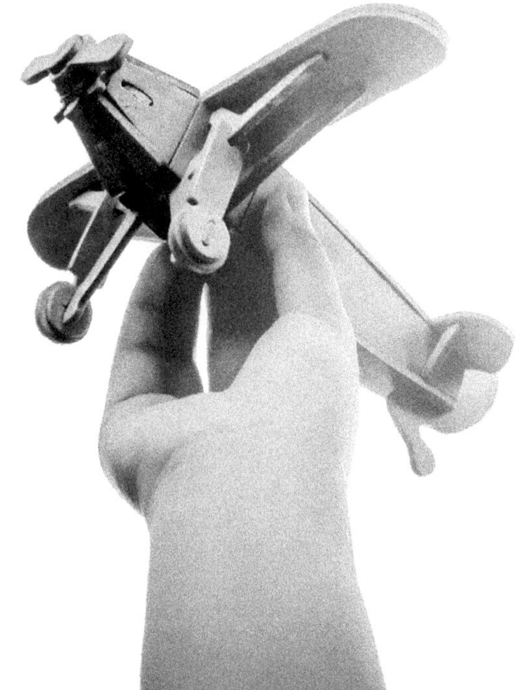

El temor del Señor es fuente de vida, y
aleja al hombre de las redes de la muerte.

PROVERBIOS 14:27

Mientras mi madre alimentaba mis sueños con palabras de aliento, la realidad parecía empeñada en convertirlos en pesadillas. Desde la perspectiva de hoy, entiendo que todo me empujaba hacia lo peor, como si fuerzas invisibles quisieran arrancarme la esperanza y condenarme a aceptar un destino de miseria. A los cinco años no tenía palabras para definirlo, pero sí lo sentía: era una batalla entre dos mundos. Uno me ofrecía hambre, enfermedad, abuso y abandono; el otro, aunque invisible, sostenía mi vida y mantenía viva una chispa que se negaba a apagarse.

Al lado de nuestra humilde casa vivía un muchacho de unos diecisiete años. Era perturbador, con un desorden sexual que lo llevaba a enseñarme cosas que un niño nunca debería escuchar. También manipulaba a su hermana, que tenía mi edad. Yo intentaba contar lo que sucedía, pero nadie me creía; parecía demasiado improbable que un niño tan pequeño hablara de aquellas cosas. Solo con el tiempo, cuando empecé a repetir frases que no correspondían a mi edad, entendieron que decía la verdad. Poco después nos mudamos y nunca lo volví a ver. Sin embargo, la herida ya estaba hecha: había quedado sembrada en mí la semilla de la desconfianza y del miedo.

Esa experiencia fue apenas una muestra de lo que parecía un guion escrito para mi destrucción. Como si la vida insistiera en poner en mi camino episodios de dolor, desnutrición, enfermedad y desprecio. Y al mismo tiempo, como si otra fuerza —desconocida entonces para mí— insistiera en sostenerme, en darme apenas lo suficiente para no rendirme. Una tensión entre la oscuridad y la luz que moldeaba cada respiro de mi infancia.

El lugar al que llamaba hogar era frío. No porque mi madre adoptiva fuera cruel, sino porque el amor parecía ausente en una casa gobernada por la necesidad. No había juguetes, no había caricias. Las paredes de madera y techo de cartón se llenaban de goteras cuando llovía, y el agua se filtraba como un recordatorio constante de nuestra vulnerabilidad. Aquellos sueños que alguna vez verbalicé recostado en sus piernas se fueron diluyendo entre burlas y silencios. Mi hermana me castigaba con bromas hirientes, me recordaban una y otra vez que era una carga, que sobraba. A veces pensaba que habría sido mejor morir con mi madre biológica. Me sentía un adoptado en el peor sentido: alguien que no pertenecía a ningún lugar, un niño al que la vida había declarado sobrante.

El rechazo no era siempre abierto, a veces era un silencio pesado. Miradas que me atravesaban como cuchillos. Una risa en el momento en que yo esperaba comprensión. La certeza de que, en aquella casa, mi presencia era tolerada, no celebrada. Todo eso alimentaba un veneno interior que crecía con cada día.

Con el tiempo, esa sensación se hizo insoportable. Pensé muchas veces en quitarme la vida. En mi ciudad, el suicidio era casi común; se hablaba de él sin horror, con una naturalidad fría. Recordaba al padre de una amiga que había bebido veneno, y la gente decía: *"al menos no sufrió"*. Esa frase se quedó en mi mente como una alternativa. Fantaseaba con métodos para desaparecer: lanzarme bajo las ruedas de un camión en la ruta, dejarme caer de un edificio alto —aunque en la ciudad solo había uno de cinco pisos y no podía acceder—. El miedo al dolor siempre me detenía, pero la idea volvía como un fantasma, rondando mis pensamientos, robando el poco descanso que tenía.

La desesperanza era un compañero constante. Caminaba solo por la carretera mirando cómo pasaban camiones y autos. A veces cerraba los ojos e imaginaba el golpe, el final rápido, el silencio posterior. Otras veces me preguntaba si alguien lloraría por mí, si alguien notaría siquiera mi ausencia. Esa pregunta era más dolorosa que cualquier castigo físico: la sospecha de que mi vida no valía nada para nadie.

Un atardecer, cerca del colegio, un grupo de chicos jugaba fútbol en un descampado. El cielo comenzó a cubrirse de nubes negras, y pronto una tormenta oscura lo envolvió todo. Los rayos caían como lanzas de fuego, los truenos sacudían la tierra como tambores de guerra. El viento soplaba con fuerza, levantando polvo, doblando árboles, haciéndome sentir diminuto. Yo, que ya cargaba demasiados miedos, empecé a correr. Quería llegar a casa, pero la tormenta se volvía más feroz con cada paso. Las gotas, gruesas y heladas, golpeaban mi rostro como pequeñas piedras. Mis pies se hundían en el barro y cada relámpago iluminaba mi desesperación.

Fue entonces cuando la vi: una carpa enorme, iluminada desde dentro. Desde lejos parecía un circo, pero al acercarme noté algo distinto. No había animales, no había música, no había risas infantiles. En cambio, se oía un murmullo de voces, un canto suave que contrastaba con el rugido del cielo. El resplandor que escapaba por las costuras de la lona me atrajo como un faro en medio de la tormenta. Sin pensarlo, crucé sus lonas buscando refugio, y sin saberlo, crucé también el umbral hacia una nueva vida.

Dentro de la carpa me recibió un abrazo inesperado. Una mujer, de aspecto extranjero, se acercó y con una ternura que jamás había conocido me dijo: *"No tengas miedo, aquí vas a estar seguro"*. Aquel gesto sencillo me traspasó como un rayo de luz en medio de tanta oscuridad. Fue la primera vez que sentí verdadera seguridad, y más aún: aceptación. Yo, el niño que siempre se había sentido sobrante, escuchaba ahora palabras que me decían que pertenecía, que no era invisible, que mi vida tenía un lugar en el corazón de alguien.

Su nombre era Karin Gollub de Beker. Tenía rasgos anglosajones, aunque después supe que había nacido en Alemania y emigrado a Canadá huyendo de la guerra. Esa noche, en la carpa, acompañaba a su esposo, Juan Jorge Beker, quien compartiría un mensaje. Karin no solo no me discriminó, sino que me hizo sentir importante. Sus palabras y su abrazo fueron como un sello en mi alma: por primera vez, alguien me trataba no como una carga, sino como un hijo. Años después seguiríamos en contacto, y hasta antes de su muerte me bendecía siempre con palabras de cariño. Pero esa noche, lo esencial fue su mirada y su voz: me enseñaron a Jesús sin aún nombrarlo.

Descubrí entonces que aquella carpa no era un circo, sino una reunión de iglesia. La gente cantaba con gozo, se sonreía, se acercaba a mí y me decía: "*Te amamos*". No era un discurso vacío: lo sentía en el aire, tan real como la tormenta que rugía afuera. Ese amor sincero abrió mi corazón. Escuché el mensaje de salvación y por primera vez entendí que no estaba condenado a ser un huérfano para siempre. Esa misma noche decidí aceptar a Jesús como mi Salvador.

Volví a casa distinto. Mi madre, preocupada por la hora, se sorprendió al escuchar lo que había vivido. Ella misma había conocido de ese Dios en su infancia, aunque la vida la había alejado. Verme entusiasmado con una iglesia fue un alivio para ella, aunque sus métodos de disciplina siguieran siendo duros. A veces me castigaba con un cinturón o una varita, pero ahora había un cambio en el aire: por primera vez había esperanza, por primera vez sentía que la vida podía escribirse de otra manera.

Mi madre adoptiva había sido huérfana de padre y madre desde los cuatro años. Había crecido con hermanas niñas en la casa de un tío, cargando pobreza y soledad. Se casó muy joven, y la vida no le fue fácil. Pero ella conocía el nombre de Dios. Cuando escuchó que yo también lo había encontrado, su rostro se iluminó. Era como si algo perdido volviera a encenderse en su interior, como si mis pasos de fe fueran también una respuesta para su propia historia inconclusa.

Comencé a asistir todos los fines de semana a la iglesia. Descubrí grupos de música, de teatro, de amistad. Allí viví, entre los ocho y los doce años, las experiencias más hermosas de mi infancia.

Aprendí a depender de Dios, a confiar en su amor infinito. Recibí palabras proféticas que se clavaron en mi alma: que sería puente para reyes y príncipes, que viajaría por el mundo, que sería un empresario con recursos para llevar el mismo mensaje de esperanza. Esas palabras se convirtieron en ancla y motor. Me aferré a ellas como un náufrago se aferra a la tabla que lo sostiene.

Me aprendí de memoria un pasaje que me marcó para siempre:

> *"Fíate de Jehová de todo tu corazón, y no te apoyes en tu propia prudencia. Reconócelo en todos tus caminos, y él enderezará tus veredas. No seas sabio en tu propia opinión; teme a Jehová, y apártate del mal. Porque será medicina a tu cuerpo, y refrigerio para tus huesos."*
>
> PROVERBIOS 3:5-8

Cada vez que el desaliento me perseguía, repetía esas palabras y encontraba consuelo. Eran como una armadura invisible, un recordatorio de que no estaba solo, de que había un plan mayor que mi dolor.

No fue fácil. Todavía me sentía menos, cargaba con complejos y traumas. Pensaba que no tenía capacidad, que no estaba preparado. Pero comencé a descubrir que muchas de las cosas que me parecían imposibles lo eran solo porque nunca las había intentado. La lectura, por ejemplo, se volvió un descubrimiento. En casa nadie leía, y yo tampoco lo hacía. Pero al memorizar proverbios, empecé a disfrutar de las palabras. Con el tiempo, la lectura se convirtió en puerta de crecimiento y libertad.

Aprendí que la agresividad que había cultivado en la calle podía transformarse. Ese fuego no estaba destinado a destruir, sino a forjar. Entendí que Dios era mi proveedor y que tenía que ser un buen administrador de todo lo que ponía en mis manos. Me di cuenta de que nada en la vida era casualidad: todo era un proceso.

Los procesos son la escuela de Dios. No están diseñados para hundirte, sino para moldearte, pulirte, prepararte. Cada dolor se convierte en cincel. Cada caída en peldaño. Dios quiere llevarnos siempre a lugares más grandes, a días mejores, a sueños que Él ya había escrito antes de nuestro nacimiento.

Fue entonces cuando comprendí lo que antes era solo intuición: aquella fuerza invisible que me sostenía en medio de tanta desgracia tenía un nombre. No era el azar ni la suerte. Era Jesús. Él era el Amor con mayúsculas, el que me había rescatado de la orfandad, el que me había dado un lugar en una familia eterna.

Hoy sé que la fe y el amor tienen un poder sanador incomparable. Fue la fe la que me devolvió el valor de mi vida. Fue el amor de personas como Karin lo que abrió la puerta para recibir ese amor divino. Fue la Palabra la que me enseñó que no estaba destinado a ser víctima, sino hijo.

Aprendí también que la batalla entre el bien y el mal es constante. Que la pobreza, el abuso, los pensamientos suicidas son fuerzas destructivas que intentan arrastrarnos, pero que hay una fuerza más grande que nos sostiene. Descubrí que la resiliencia no es una elección aislada, sino el fruto de confiar en que Dios multiplica lo que deposita en nosotros.

La estrella bajo la cual nací parecía oscura, pero descubrí que la estrella de Dios brillaba mucho más fuerte. Comprendí que no era un huérfano condenado al despojo, sino un hijo amado con un destino eterno.

Ese es el poder de Jesús: convertir a un niño sobrante en un hijo querido, transformar la historia de dolor en un testimonio de esperanza, levantar de las cenizas a quien ya había pensado en rendirse.

CAPÍTULO 6

SALVO, PERO NO SANO

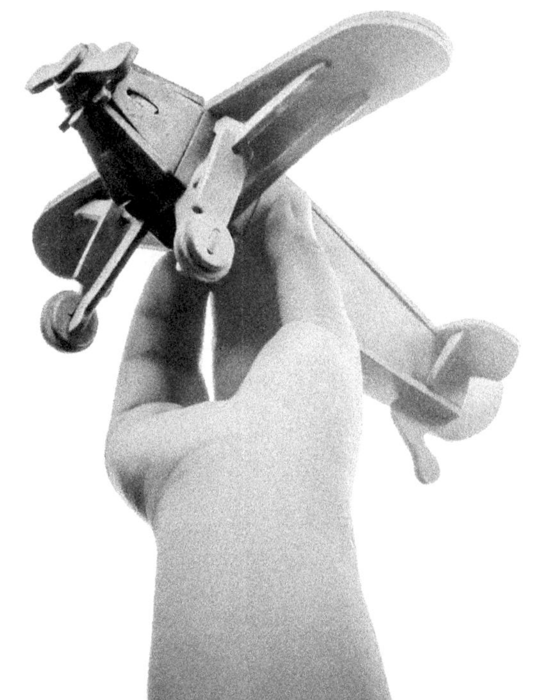

Ustedes quédense quietos, que el
Señor presentará batalla por ustedes.

ÉXODO 14:14

A los ocho años encontré un refugio inesperado en una carnicería de barrio. El dueño me trataba con respeto, me daba tareas sencillas de limpieza, y como premio me dejaba entrar a su casa para mirar televisión. Aquella máquina era un milagro para mí: en mi hogar no había electricidad, solo velas que alumbraban las noches. Al ver la pantalla por primera vez me deslumbré; descubrí que existían lugares hermosos, mundos desconocidos, vidas que a mis ojos parecían imposibles. La televisión me abría ventanas a realidades lejanas, y la iglesia me recordaba que tenía un Dios capaz de hacer posible lo imposible. Esa mezcla de sueños y fe comenzó a empujarme hacia adelante.

Los domingos por la mañana se convirtieron en mi salvavidas. La Escuela Dominical era el espacio donde podía ser niño otra vez, lejos del peso de la adultez que me imponía la semana. Allí aprendí que Jesús murió por nosotros en la cruz, que la fe mueve montañas y que hasta una vida como la mía podía cambiar de estrella. No era teoría: lo que me sostenía era el amor tangible de las personas que me recibían con sonrisas, abrazos y palabras de aliento.

Entre esas figuras apareció Juan Jorge, el alemán que había predicado en la carpa donde conocí a Jesús. Un día me preguntó si sabía tocar algún instrumento. Con descaro, le respondí que tocaba la batería. La verdad era que apenas había tenido oportunidad de probarla cuando el novio de una hermanastra me dejó sentarme en un ensayo. Pero yo lo había disfrutado tanto que mi corazón soñaba con ser músico, con cantar y viajar por el mundo. En la iglesia no había batería, así que me dieron una pandereta. Ese pequeño instrumento se convirtió en tesoro. Cada golpe era un latido que me decía que pertenecía. Cuando el pastor me puso a cantar en el coro, sentí que tocaba el cielo con las manos. Cantando, mi tartamudez desaparecía, y yo me reconocía dueño de una voz que me hacía libre.

La iglesia también me regaló el grupo de Exploradores del Rey, liderado por Marcelo Ríos, un joven con carisma y ternura. Allí hice amigos que aún conservo. Uno de ellos fue Ariel, apenas un año mayor, con una familia estable y ejemplar. Él no necesitaba lavar autos ni correr tras monedas, pero muchas veces se sumaba a mis tareas y nunca dejaba de saludarme. A través de Ariel entendí que Dios se muestra en los gestos cotidianos, en la lealtad de un amigo que camina contigo aunque no comparta tus carencias.

Mi maestro de Escuela Dominical fue Etty, un hombre de entrega sincera. Su enseñanza y ejemplo dejaron una huella profunda. Hasta hoy seguimos en contacto, y todavía se sorprende cuando le cuento lo que Dios ha hecho conmigo. Entre campamentos, cantos y travesuras, pude saborear momentos de infancia genuina en medio de un camino plagado de heridas.

Uno de los recuerdos más vívidos fue un viaje a las Cataratas del Iguazú. Llegamos tarde con mis amigos, armamos la carpa en la oscuridad y nos dormimos sin notar los carteles de advertencia.

Al amanecer, los guardaparques nos despertaron con gritos: estábamos en medio de la selva, rodeados de animales salvajes. El peligro era real, pero la juventud nos hizo reír mientras pedíamos disculpas. Más tarde, el agua casi se lleva a uno de los muchachos. Atrapado por la corriente, se aferró a una roca con todas sus fuerzas mientras los demás corrimos a ayudarlo. Yo, entre nervios y risas, alcancé a tomar una foto que inmortalizó su rostro entre el miedo y la esperanza. Ese día aprendí que la amistad es un salvavidas: te rescata de la selva y de las corrientes que buscan hundirte.

El dolor que permanece

La luz que recibía en la iglesia era real, pero el dolor no desaparecía de un día para otro. En la carnicería algunos se burlaban de mí. Sabían lo que había pasado en mi niñez y usaban esa herida como un arma. Cada burla era un recordatorio cruel de lo que había sufrido. Sentía que la violencia era mi único lenguaje para defenderme.

Lo más doloroso era que la burla también se filtraba dentro de la iglesia. Jóvenes que conocían mi historia se reían a mis espaldas. Incluso algunos adultos se sumaban. Yo había creído que ese lugar era sagrado, que allí estaba protegido. Cuando escuchaba sus comentarios hirientes me preguntaba: ¿cómo es posible que dentro del pueblo de Dios exista tanta crueldad? El pastor intentaba consolarme, recordándome que quienes hieren también cargan vacíos, pero mis heridas eran demasiado frescas.

En la escuela la situación no era distinta. Me señalaban por mi tartamudez y por mi fe. Trataba de ignorar las burlas, de obedecer el consejo de no responder, pero el peso era demasiado. Terminaba peleando, descargando mi furia con los puños. En la calle ese lenguaje imponía respeto, pero en el trabajo, donde todos eran mayores, me hacía sentir pequeño, inútil. Así me convencía de que la vida siempre sería igual: humillación, lucha, soledad.

Las heridas y el futuro

Con los años comprendí dos verdades que en aquel tiempo me eran invisibles.

La primera: las heridas no sanadas se convierten en fortalezas. Igual que una muralla levantada piedra tras piedra, los traumas se acumulan y crean patrones destructivos. El abandono inicial abrió la primera grieta; después vinieron otros abandonos. El abuso fue la primera piedra; luego se añadieron otras. El bullying repitió el mismo golpe una y otra vez. Cada experiencia nueva reabría la herida antigua y reforzaba la muralla de dolor que me encarcelaba.

La segunda: ser salvo no significa estar sano. Conocer a Jesús fue lo más importante que me ocurrió. Su amor me dio vida, me mostró un horizonte. Pero mis cicatrices seguían abiertas. La salvación había alcanzado mi alma, pero mi corazón necesitaba sanidad. Por eso, cuando alguien tocaba esa herida, yo estallaba en ira. No era un incrédulo, era un herido que todavía sangraba.

La vida golpea donde más duele. A veces a través de una persona cercana, otras veces cuando una oración queda sin respuesta, o cuando la expectativa más grande se derrumba. Es en ese instante cuando, si no hemos sanado, corremos el riesgo de alejarnos del único que puede curarnos: Jesús.

Lo que aprendí

1) **El impacto de las heridas no sanadas:** la salvación es un inicio glorioso, pero si el pasado no es tratado, las cicatrices siguen dictando reacciones, pensamientos y emociones.

2) **La imperfección humana:** incluso en la iglesia hay burlas, errores y fallas. No debemos dejar que la imperfección de otros defina nuestra fe.

3) **La sanidad como proceso:** recibir a Cristo es un instante; sanar lleva tiempo. Implica enfrentar el dolor, reconocer su raíz y permitir que Dios lo transforme en fortaleza.

"A veces nos alejamos de la única persona que nos ama con amor inagotable, y la única capaz de sanarnos definitivamente: Jesús."

CAPÍTULO 7

CICATRICES DE REBELDÍA

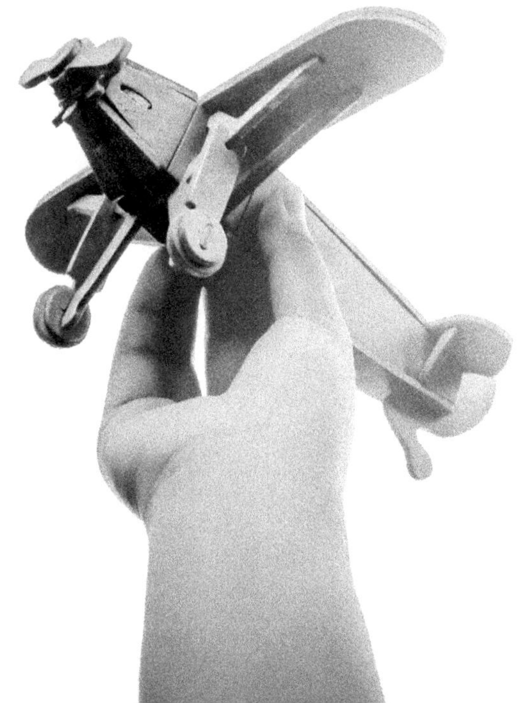

"Considero más valiente al que conquista sus deseos que al que conquista a sus enemigos, ya que la victoria más dura es la victoria sobre uno mismo".

ARISTÓTELES

Salí de la escuela primaria a los trece años con un deseo ardiente: huir de mi ciudad. Quería comenzar de nuevo, lejos de las burlas y las miradas que me recordaban el pasado. Me inscribí en un colegio agrotécnico y fui aceptado. También busqué trabajo: cortaba leña, preparaba desayunos, asistía a clases y ayudaba en las labores del campo. El internado albergaba a mis compañeros, quienes los fines de semana volvían a sus casas, mientras yo me quedaba en el lugar, atrapado entre la necesidad y la soledad.

A veces, sin embargo, prefería quedarme allí antes que volver a mi casa. En el colegio encontré profesores extraordinarios y un director que sabía escuchar. En las noches de fogata, un maestro de historia sacaba la guitarra, y alrededor del fuego compartíamos canciones, historias y rondas de mate. Eran momentos en los que sentía que la vida podía ser simple y buena. Con chicos de otras ciudades me resultaba más fácil relacionarme, porque no conocían mi historia. Al principio, fue un refugio, un lugar donde me permitían ser visto de otra manera.

Pero las sombras no tardaron en alcanzarme. Un fin de semana, una persona que trabajaba en el colegio me invitó a cenar en la casa donde se hospedaba. Yo confié, como solía confiar en la bondad ajena. Sin embargo, esa noche intentó abusar de mí. Me levanté con firmeza y no se lo permití, pero la desilusión me quebró. Sentí que mi historia me perseguía como un fantasma, incapaz de dejarme en paz. Dejé el colegio y regresé a mi ciudad con un nuevo peso en el corazón.

Allí me reencontré con un amigo de la iglesia, Jorge Angst, quien tenía una empresa metalúrgica. Fue él quien me animó a inscribirme en un colegio técnico, el EPET, de metalurgia y electricidad. Me matriculé con la esperanza de un nuevo comienzo. Pero la realidad me pasó factura: trabajaba, estudiaba y apenas comía. El cansancio era insoportable. En clase me vencía el sueño y no podía concentrarme.

Una mañana, en medio de una lección, la profesora de matemáticas me hizo una pregunta. No supe responder. Al terminar la clase me pidió quedarme y me habló con una franqueza que me atravesó:

—Conozco tu historia, y quiero darte un consejo. No vengas más al colegio. Estás trabajando y estudiando, y eso te está consumiendo. No tienes quién te mantenga. Deja los estudios, trabaja a tiempo completo, y cuando hagas dinero, vuelve a estudiar.

Su consejo me dolió, pero era realista. Dejé el colegio. Intenté dedicarme más al taller con Jorge, pero la metalurgia no me atraía. Lo hacía por necesidad, no por pasión. Jorge, siempre generoso, me ofrecía trabajos extra: lavar autos, acompañarlo a la iglesia, asistir a campamentos cristianos. Su cariño me sostenía, pero al mismo tiempo volvía a enfrentar el acoso, las peleas, el bullying.

La rebeldía empezó a crecer en mí. Fumar se volvió un hábito y mi corazón se iba alejando, poco a poco, de Dios.

A los catorce años pedí a mis padres adoptivos la emancipación civil y comercial. Con ese papel en mano, me lancé al mundo. Me fui a Asunción, Paraguay, acompañado por un amigo. Confiaba en que esa nueva libertad me daría poder. Comencé a vender cinturones en mercados, plazas y calles. Era un trabajo digno, pero me avergonzaba. Donde yo venía, esa labor era motivo de burlas. Una vez, en Encarnación, me crucé con mi maestra de sexto grado. Sentí que la tierra se abría bajo mis pies: ella veía en mí al muchacho que había dejado la escuela, reducido ahora a un vendedor callejero. No me humilló, al contrario, me saludó con ternura, pero mis ojos ardieron de vergüenza.

Con el tiempo descubrí que bajo otras condiciones yo habría continuado mis estudios, porque siempre fui persistente. Y aun en medio de la rebeldía, sabía que la mano de Dios me sostenía, mostrándome salidas donde parecía no haberlas.

En San Lorenzo conocí a dos mujeres que me compraron cinturones y me invitaron a regresar. Una de ellas me presentó a su esposo, Rafa, jefe de taller en una empresa importante. Me ofreció trabajo supervisando el trabajo de los mecánicos. Aquel empleo fue un salto enorme. Pasé de vender en la calle a tener un lugar en una oficina. Durante varios meses, hasta mis dieciséis, trabajé allí. Fue una etapa de oportunidades, aunque dentro de mí seguían acumulándose nudos que más tarde se convertirían en cadenas.

Persiste el odio

Aunque intentaba avanzar, las sombras de mi pasado regresaban. Recordar el abuso me consumía. Lo negaba en mi mente, pero el odio crecía como un fuego imparable. Un solo pensamiento me dominaba: *"A ese hombre lo tengo que matar."* Creía que solo su muerte me devolvería la paz.

Ese rencor me volvió agresivo. Formé un grupo en Posta Ybycuá con cinco argentinos y dos paraguayos. Los fines de semana buscábamos peleas. Una noche recibí una puñalada en la pierna, cuya cicatriz aún conservo. Y aunque la herida física sanó, las cicatrices emocionales seguían abiertas. Nadie las veía, pero eran más profundas que cualquier marca en la piel.

Yo llevaba la cicatriz de la vergüenza y del despojo, la cicatriz de la identidad arrebatada. Creía que matar a mi agresor me daría paz, pero lo único que hacía era envenenarme más. Llegué a convencerme de que era Dios quien quería que lo eliminara. La mente es astuta para justificar lo que el corazón ansía, incluso cuando es oscuro.

En una salida conocí a un hombre que se presentó como sicario. Yo, en mi ignorancia, ni siquiera sabía lo que esa palabra significaba. Me explicó su oficio y comenzó a darme consejos: cómo buscar a un enemigo, cómo matarlo sin ser descubierto, cómo llegar a ser como él. En mi rabia creí que aquel hombre era un enviado de Dios, que su instrucción era una guía divina para cumplir mi venganza. ¡Qué engaño tan grande!

Dios es vida, amor y misericordia, nunca muerte. Pero yo estaba tan cegado que confundía la voz del enemigo con la de Dios. Mi corazón ardía de odio, y en medio de esa distorsión, lo único que me frenaba era un temor latente: la cárcel. Había visto de cerca a presos, y no quería terminar allí. El recuerdo del sargento Pereyra, aquel que me ayudó el día del abuso, también me retenía. Había llevado almuerzos a su comisaría, había visto lo que era perder la libertad. Y aunque mi mente clamaba venganza, algo en mi espíritu no me dejaba dar el paso final.

Lo que aprendí

1) **El impacto del trauma no resuelto:** El abuso y la humillación no desaparecen con el tiempo si no se entregan a Dios. Pueden transformarse en odio y violencia, desviando el camino hacia la destrucción.

2) **La lucha interna entre el bien y el mal:** Aun con Cristo en mi corazón, me debatía con pensamientos oscuros. Es la evidencia de que la salvación no borra de inmediato el dolor, sino que empieza un proceso de sanidad y transformación.

3) **La influencia del entorno:** Personas buenas como Jorge o Rafa me ofrecieron oportunidades, mientras otras me arrastraban hacia el abismo. Las relaciones marcan el rumbo: algunas edifican, otras destruyen.

Las cicatrices físicas pueden olvidarse con el tiempo, pero las cicatrices emocionales permanecen. Son testigos silenciosos que nos recuerdan lo vivido y nos empujan a buscar sanidad. Solo Dios puede transformarlas de heridas abiertas en marcas de victoria.

CAPÍTULO 8

DIOS VENCE LA TENTACIÓN

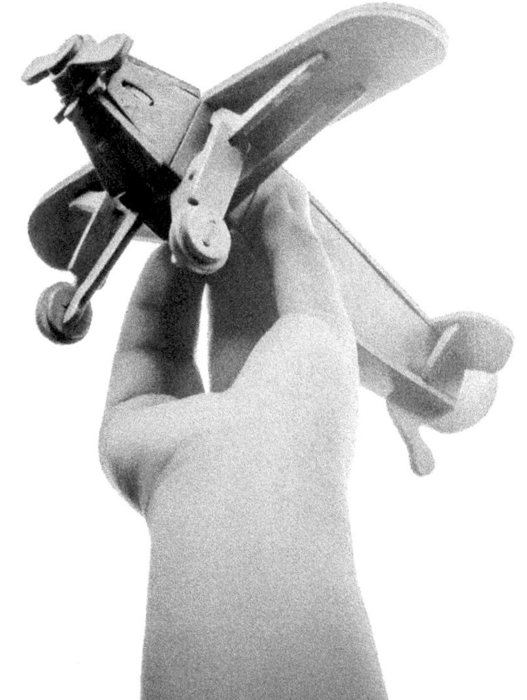

El suceso que voy a narrar merece capítulo aparte. No solo probó mi carácter, sino que también me mostró cuán frágil podía ser frente a la seducción de los atajos. Fue una prueba de identidad, una batalla silenciosa que marcaría mi destino.

En Paraguay me resultaba sencillo adaptarme a cualquier lugar. Desde pequeño había aprendido a sobrevivir mudándome de un sitio a otro, cambiando de trabajos y ajustándome a lo que fuera necesario. Esa habilidad me mantenía vivo, aunque me dejaba expuesto a riesgos constantes.

Un día, en Ciudad del Este, un hombre se acercó mientras yo vendía cinturones en la calle.

—¿Cuánto vale un cinturón? —me preguntó.

Respondí el precio, y enseguida lanzó otra pregunta:

—¿Cuánto ganas al mes?

—Veinte mil guaraníes —contesté.

—¿Cuál es el auto que más te gusta?

—Una Mitsubishi Montero —dije, y mis ojos brillaron al imaginarlo. Yo viajaba en bus y soñaba despierto con conducir aquel vehículo.

El hombre sonrió:

—¿No quieres ganar lo suficiente para comprártela en un mes?

Sacó una maleta y me mostró más dinero del que había visto en mi vida. La propuesta era sencilla: llevar un paquete al otro lado del puente, hacia Brasil. Nada más. A cambio, una fortuna.

Durante un instante, la tentación me atrapó. Pensé en el auto de mis sueños, en escapar de la pobreza. Pero algo dentro de mí me detuvo. Le pedí que volviéramos a hablar más tarde y, en cuanto se fue, tomé el primer bus a la terminal. Compré un pasaje y huí a Asunción. Mientras viajaba, una tormenta de pensamientos me golpeaba: *"Soy menor, no sería tan grave… podría cumplir mi sueño… ¿qué pierdo?"* Pero otra voz, más profunda, insistía: *"Vete y no vuelvas."* Esa voz me salvó.

Esa noche, el bus me dejó a dos kilómetros de la casa donde vivía. El camino era oscuro y peligroso, custodiado por perros feroces que solían perseguir a cualquiera. El miedo me paralizaba. Me sentía sucio, lejos de Dios, cargado de culpa. De pronto, escuché claramente una voz a mi izquierda:

—No tengas miedo. Yo estoy contigo.

Un río de paz me atravesó. Era imposible sentir calma en medio de esa oscuridad, pero la sentí. Ningún perro salió tras de mí. Llegué a salvo. Quienes me vieron no podían creerlo: decían que era un milagro. Y yo lo sabía: había escuchado la voz de Dios.

Episodios como ese se repitieron. Oportunidades fáciles aparecían, pero siempre algo me frenaba. Aunque yo ya no buscaba a Dios, aunque había dejado de orar y me había sumergido en fiestas y humo, esa voz interior seguía advirtiéndome: *"Ese no es el camino."*

De regreso a Argentina

Tiempo después, un grupo de amigos propuso viajar a Argentina. La idea era ganar dinero y regresar a Paraguay para comprar una casa. Yo tenía diecisiete años y acepté. Llegamos a Buenos Aires sin saber dónde dormir, hasta que Marcelo, uno de los chicos, dijo:

—Mi tía vive cerca, vamos allá.

Así fuimos a parar a Fuerte Apache, un barrio temido, conocido por su violencia. Yo pensaba que nada tenían para robarme, pero pronto entendí que allí la vida podía perderse en segundos. Una vez, tres hombres nos interceptaron. Crucé la calle, puse la mano bajo mi camisa simulando un arma, y los miré fijo. No hicieron nada. Aquellas mañas aprendidas en la calle me protegieron más de una vez.

Buscamos empleo, y yo conseguí trabajo en la zapatería Krunchi. Nos advirtieron que jamás dijéramos que vivíamos en Fuerte Apache. Allí comprendí lo que significaba cargar con un lugar:

los barrios también tienen cicatrices, y los que vienen de ellos cargan la sospecha en la frente.

El jefe de ventas de la tienda comenzó a interesarse en mi historia. Conversamos varias veces y terminé confiándole más de lo que pensaba. Le conté dónde vivía, lo que había pasado, mis sueños. Quedó sorprendido y me habló de mudarme. Luego me dijo algo inesperado:

—No te van a alquilar porque eres menor. Ven a vivir a mi casa.

Sentí miedo. Consulté al pastor que me había guiado de niño, y él me aconsejó conocer mejor al hombre. Se llamaba Don Carlos, viudo, con dos hijos. Me explicó que uno de ellos estaba hundido en la tristeza por la muerte de su madre y que yo podría ser un buen ejemplo para él. Finalmente acepté.

Llegué a una casa de esquina, luminosa y ordenada. Me dieron una habitación que compartí con Mariano, su hijo. Nos sentábamos todos juntos a la mesa. Don Carlos madrugaba, preparaba café, compartía un cigarrillo y consejos que todavía recuerdo: *"Lucha por tus sueños. No te sientas menos que nadie."* Comenzó a comprarme ropa nueva, me presentó a personas que jamás pensé conocer, y me abrió la puerta de un club social que parecía inalcanzable.

Por un tiempo me sentí parte de una familia. Sin embargo, las viejas heridas no sanadas pronto afloraron. Los amigos de Mariano me hacían bullying porque hablaba como paraguayo.

Él me defendía, pero la burla perforaba mi orgullo. La rabia volvía a dominarme.

En vez de agradecer, me alejé de lo que Dios me estaba regalando. Comencé a frecuentar las discotecas, inventaba excusas para no trabajar. El veneno del odio aún me controlaba. La gota final fue una pelea: golpeé brutalmente al amigo de Mariano que más se burlaba de mí. Su madre fue directamente a hablar con Don Carlos. Escuché cuando lo amenazó:

—Si no lo sacas, lo denuncio.

Don Carlos, con tristeza, me dijo:

—Tienes que irte de la ciudad. Si no, te mandarán preso.

El miedo a la cárcel me envolvió otra vez. Y me fui.

No entendía entonces que Dios me había puesto un ángel en el camino y que, por mi orgullo y mi odio no resuelto, había desperdiciado otra oportunidad. Me dolía estar lejos de Él, pero al mismo tiempo no sabía cómo regresar. Y aun así, Dios no se dio por vencido conmigo.

Lo que aprendí

1) **La tentación de los atajos:** lo fácil parece atractivo, pero siempre tiene un precio oculto. Resistir define el carácter y abre caminos más firmes que cualquier riqueza inmediata.

2) **La intuición y la protección divina:** aunque me sentía lejos de Dios, Su voz me seguía llamando, cuidándome en la oscuridad y apartándome de decisiones fatales.

3) **El veneno del orgullo y del odio:** sentimientos no resueltos sabotean las oportunidades más hermosas. Solo la humildad y la sanidad interior permiten aprovechar lo que Dios pone delante.

Gracias, Señor, porque nunca soltaste mi vida, aunque yo insistiera en alejarme.

CAPÍTULO 9

NUEVA OPORTUNIDAD

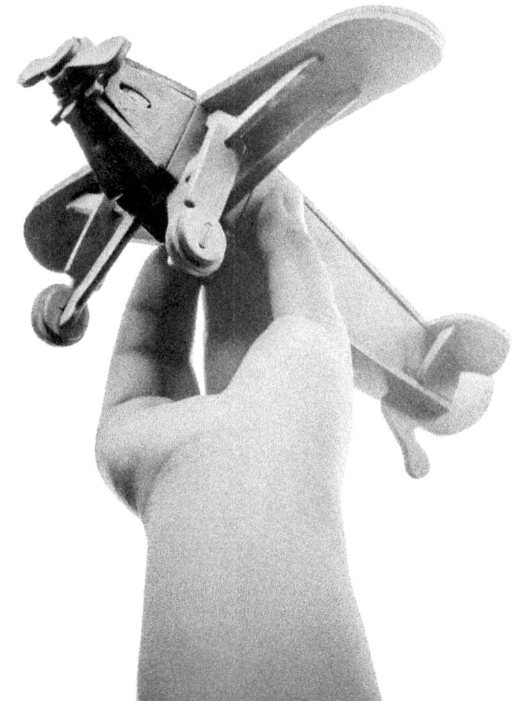

Hoy pongo al cielo y a la tierra por testigos contra ti, de que te he dado a elegir entre la vida y la muerte, entre la bendición y la maldición. Elige, pues, la vida, para que vivan tú y tus descendientes.

DEUTERONOMIO 30:19

Cuando salí de la casa de Don Carlos no tenía rumbo fijo. Dormía en plazas, en casas de amigos, e incluso una noche en el baño de un club social. Aun así, buscaba cómo ganarme la vida. Conseguí un empleo fabricando controles remotos para alarmas, cientos de ellos. Como no tenía dónde dormir, me quedaba en el lugar de trabajo hasta que me descubrieron.

Fue entonces cuando apareció una amiga del club, Cecilia. Le pidió a su padre, Don Heriberto, que me ayudara. Él me abrió las puertas de su garaje durante veinte días para terminar los 200 controles que debía fabricar. Entraba a las cuatro de la mañana, y cuando todos se iban de la casa, de seis a doce, aprovechaba para dormir sobre un cartón. Después continuaba trabajando hasta la noche.

Dios seguía enviándome ángeles disfrazados de personas comunes. Don Heriberto, indignado al saber que ganaba apenas veinte pesos semanales por tanto esfuerzo, me dijo con voz firme:

—Eso no puede ser. Vas a dejar ese trabajo. Yo me haré cargo de pagarte lo mismo hasta que me autoricen una rifa que estoy organizando.

La autorización nunca llegaba, y lo que debía ser una semana se convirtió en tres meses. Sin embargo, Heriberto cumplió su palabra y me pagó cada semana. A cambio, yo le cortaba el césped, pintaba las rejas, lavaba autos y lo ayudaba en lo que hiciera falta.

Con el tiempo, nació una amistad profunda. Me llevaba a reuniones, a viajes, especialmente a La Plata. Conversábamos largo y tendido, y en esas charlas me sembraba valores y principios. Aun cuando seguramente me sentía una carga, nunca me abandonó. Supo que no podía alquilar un departamento por ser menor, y él mismo lo hizo a mi nombre.

Al principio me sentía incómodo con tanta ayuda, sin saber cómo devolver tanto favor. Pero acepté, y pronto me vi viviendo como nunca: con dinero de las rifas, rodeado de amigos y lujos que antes parecían inalcanzables. Era mi error repetido: confundir abundancia con propósito.

Creí estar en la cima, pero en realidad me estaba hundiendo. Empecé a frecuentar discotecas, a gastar en bebidas, a dejarme arrastrar por influencias dañinas. Con orgullo y arrogancia, me alejaba de lo bueno y me perdía en lo efímero.

Hasta que llegó el día en que Heriberto me llamó. Su esposa me recibió fría, con un dolor que se podía palpar en el aire:

—Gracias a ti, tenemos problemas en nuestra familia —me dijo sin mirarme a los ojos.

El verdadero golpe vino después. Sentado en la cocina, con un café y una medialuna, Heriberto golpeó la mesa y me habló con voz firme:

—¿Qué estás haciendo con tu vida? Te he protegido, te he defendido… y vos no respondés.

Luego me miró fijo, y sus palabras marcaron mi historia:

—Escuchame bien. Yo te quiero. Sos como un hijo para mí. Pero no puedo seguir cubriéndote si seguís haciéndote daño. Esa gente con la que te juntás no son tus amigos. Si volvés a las drogas, si seguís en ese camino, te saco del departamento y desaparecés de mi vida.

Nadie antes me había dicho *"te quiero"* con tanta verdad. Aquella declaración quebró mis defensas. Fue mi punto de inflexión. Ese día prometí nunca más probar drogas ni dejarme arrastrar por malas compañías.

Heriberto no solo me rescató de ese pozo, también me dio mi primer auto. Me enseñó a trabajar con honestidad, a ahorrar y a administrar lo poco o mucho que ganara. Siempre me repetía: *"Tenés habilidad para los negocios"*. Gracias a él empecé a verlo en mí mismo. Trabajé a su lado dieciocho años, aprendiendo disciplina, ética y el arte de construir una vida digna.

Hoy agradezco a Dios por haber puesto a Heriberto en mi camino. Fue un padre cuando no lo tenía, un mentor cuando me faltaba guía, un ejemplo de fe y de carácter.

Las personas oportunas

En enero, mientras todos se iban de vacaciones, acepté la invitación de unos amigos para ir a Mar del Plata. Era la primera vez que vería el mar. Allí conocí a Constanza Messina, una joven cuya amistad pronto se volvió especial. Al regresar a Buenos Aires, comencé a frecuentar su casa y a acercarme a su familia.

En medio de esa etapa recibí un golpe inesperado: un diagnóstico médico que hablaba de un tumor en el riñón. Constanza y sus padres, Carlos y Alicia Messina, se preocuparon por mí y decidieron ayudarme. Me llevaron a otros médicos y me ofrecieron quedarme en su casa durante el proceso. Me prestaron la habitación de su hijo mayor, que estaba estudiando en el extranjero.

Lo que comenzó como unos días se convirtió en casi dos años de convivencia. La familia Messina me trató como un hijo más. Me incluyeron en sus celebraciones, me dieron un lugar en su mesa y me enseñaron lo que significaba pertenecer. Yo, que venía de la calle y de la falta de afecto, descubrí allí un amor desinteresado y formativo.

Con ellos aprendí desde lo más básico: cómo sentarme a la mesa, cómo usar los cubiertos, cómo comportarme en reuniones formales. Pequeños detalles que parecían triviales, pero que me preparaban para el futuro que Dios tenía reservado. Ellos pulieron mis modales, pero sobre todo fortalecieron mi confianza.

La profecía que había recibido de niño, aquella que hablaba de ser puente para empresarios y gobernantes, comenzaba a tener sentido. Dios me estaba entrenando a través de estas personas.

Lo que en otro tiempo hubiera parecido imposible, ahora se volvía alcanzable.

Además de modales, descubrí junto a ellos lo que ardía en mi interior: un espíritu empresarial. Aprendí a ver el trabajo no solo como supervivencia, sino como oportunidad para crecer. Vendía productos, organizaba rifas, hacía negocios pequeños, siempre con la convicción de que podía llegar más lejos.

En ocasiones, mis ventas me llevaban incluso a las cárceles para tratar con oficiales del Servicio Penitenciario. Ese contacto me recordaba las consecuencias de un camino equivocado. Allí entendí que si hubiese seguido alimentando mi odio y sed de venganza, mi destino habría sido tras las rejas. Fue como si Dios me mostrara en carne viva la vida que quería evitarme.

Lo que aprendí

1) **Aceptar ayuda transforma:** cuando alguien ofrece apoyo sincero, aunque incomode recibirlo, abre puertas insospechadas. Heriberto y la familia Messina fueron puentes divinos para mi formación.

2) **El orgullo es un enemigo silencioso:** puede nublar la vista, alejar de quienes nos aman y llevarnos al borde de perderlo todo. La verdadera grandeza está en la humildad y en reconocer los errores a tiempo.

3) **Siempre hay redención:** aun después de malas decisiones, siempre existe la posibilidad de elegir un nuevo rumbo. Dios pone delante de nosotros la vida o la muerte, la bendición o la maldición. La elección está en nuestras manos.

Dios me dio una nueva oportunidad. Y aprendí a no despreciarla.

CAPÍTULO 10

DE REGRESO... A DIOS

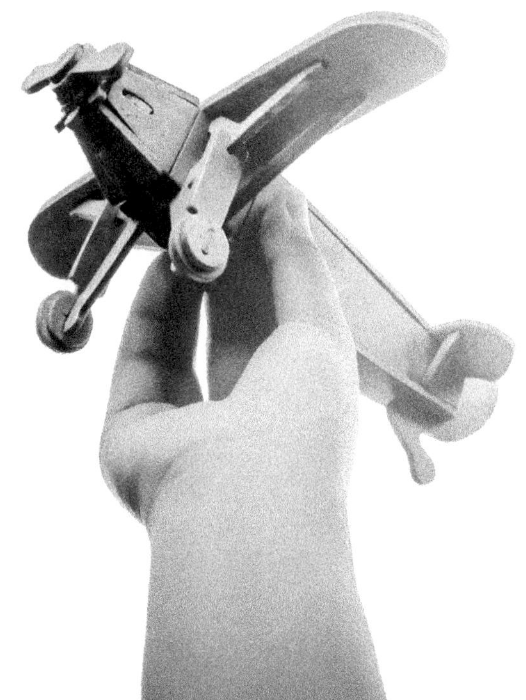

Clama a mí y te responderé, y te daré a conocer cosas grandes y ocultas que tú no sabes.

JEREMÍAS 33:3

A los 22 años, volví a Misiones de visita. Para entonces había vivido fuera por más de nueve años, y me iba bien económicamente. Tuve la oportunidad de viajar a Italia, Francia, Austria, Alemania, Inglaterra y Suiza. Disfrutaba vestirme bien; para mí, eso era una señal de éxito y de que había alcanzado muchas metas en la vida. Al llegar, la gente se asombró al verme en esta nueva posición; algunos incluso pensaron que me dedicaba a algo turbio. La primera persona que deseaba ver era a la profesora que me motivó a trabajar incansablemente por mis objetivos. Ella creyó en mí cuando nadie más lo hacía. Lamentablemente, ya no estaba ahí.

Yo pensaba que, con mi nueva posición económica, tenía el mundo resuelto. Sin embargo, al estar allí, me di cuenta de que mi vida empezaba a desmoronarse. Mi odio hacia la gente, en lugar de desaparecer, crecía cada vez más. Los recuerdos del bullying de mi infancia y los chismes baratos de aquellos años volvían a atormentarme. En ocasiones, pensamientos oscuros surgían en mi mente, pero sentía que Dios, de alguna manera, me conectaba con personas peligrosas para evitar que cayera en algo peor, que evitara cometer una locura. Aquel odio me perseguía sin descanso, pero el miedo a terminar en la cárcel me frenaba, dejándome incapaz de hacer algo ilícito.

Mi vida oscilaba constantemente entre el amor de Dios y el deseo de venganza. Sentía que Dios me enviaba ayuda en los momentos más oscuros, y eso me permitía intentar rehacer mi vida una y otra vez. A veces me alejaba de Dios, aunque solo fuera por un tiempo. Pero luego, una nueva oportunidad surgía, un renacer, y yo volvía a encontrar el camino. Aunque nunca olvidaba a Dios, a menudo olvidaba que le pertenecía. Mi corazón, entonces, oscilaba, en un constante ir y venir entre ambos caminos.

Esa inestabilidad también se reflejaba en mi vida en las calles. Fui un niño de la calle. Si entiendes mi historia, verás que también fui un adolescente de la calle y, más tarde, un hombre de la calle. Al final, comprendí que todo en mi vida era solo sobre Dios y yo, y los ángeles que Él me enviaba para cumplir su misión aquí.

Con los años, entendí que ese hombre con la vida aparentemente resuelta, gracias a mis logros económicos, era aún el mismo niño de la calle. Sigo siendo un hombre solo bajo la lluvia que cala hasta los huesos, entre truenos que resuenan como golpes en el pecho, bajo el sol abrasador y el sereno, enfrentando peligros visibles e invisibles… peligros que habitan mi propio mundo interior, en mis pensamientos. Forjé y vi crecer a un niño que, incluso ya de adulto, sigue siendo un niño abandonado, luchando por sobrevivir en un entorno hostil. Fui un hombre que, demasiado pronto, se construyó una vida de adulto, creciendo al revés. Las etapas del crecimiento emocional no estaban hechas para mí; fui adulto antes de haber jugado como niño, antes de haber recibido cuidado y protección.

A veces, el rencor me hacía dudar. ¿Cómo podía Dios ver algo de valor en alguien como yo, marcado por la calle y las heridas del pasado? Pero Dios es un Padre perfecto. En cada paso, encontré una señal que me recordaba que no estaba solo. Y aquí estoy, con mis heridas y cicatrices, rescatado por un Dios bueno que me dio la oportunidad de ser esposo, padre, protector y proveedor para mi familia. Más que todo eso, me convirtió en un hombre que comprende el sufrimiento ajeno; esa vida en las calles me dio lecciones profundas, enseñándome a discernir entre el bien y el mal.

Hoy, solo puedo decir que Dios no se equivoca, y que cada paso de mi historia fue escrito de forma perfecta para convertirme en quien soy. Ahora, solo me queda vivir cada día con gratitud, con la certeza de que, pase lo que pase, mi historia sigue en Sus manos.

Dios escucha

A mis 25 años, aún viviendo en Buenos Aires, el vacío en mi interior se hacía inmenso, como una herida que no cesaba de sangrar. Me sentía perdido, sin rumbo espiritual ni emocional, y cada día me hundía más en una soledad que ni siquiera entendía del todo. En mis noches más oscuras, me preguntaba si realmente Dios existía o si simplemente me había abandonado. Finalmente, una noche, cansado de luchar contra mis propios pensamientos, le hablé a Dios, casi en un susurro: *"Si realmente existís, mandame a alguien, porque yo así como estoy no puedo más"*.

Al día siguiente, algo extraño sucedió. Silvia, una amiga y pastora, me llamó. Me pidió un favor: llevar a una chica finlandesa a recorrer Buenos Aires, mostrarle la ciudad. Dudé, y le dije: *"¿Estás segura de lo que me estás pidiendo?"*. Sabía que mi vida estaba lejos de cualquier camino cristiano, pero ella insistió con confianza. Así que con respeto, aunque con pocas ganas, acepté.

Durante nuestro recorrido, la joven hablaba todo el tiempo de Jesús, mencionándolo en cada rincón de nuestra conversación. En un momento me señaló un golpe en mi carro y preguntó: "*¿Por qué tienes ese golpe aquí?*". Le conté que había sido un accidente fuerte, que casi me costó la vida. Ella me miró y, sin juzgar, me dijo: "*¿Nunca pensaste que Dios no permitió que mueras porque tiene un propósito contigo?*". La verdad, no lo había pensado. Le dije que no quería saber nada de Jesús, mientras encendía cigarrillo tras cigarrillo. Pero ella, con paciencia y respeto, continuaba hablando de una paz y un amor que yo ni siquiera creía posibles.

Al final del día me dijo: "*Quiero ir mañana a una iglesia que se llama Rey de Reyes. ¿Me llevarías?*". Al principio dudé, pero esa noche, al recostar mi cabeza, escuché claramente en mi corazón: "*¿No me pediste que te mande a alguien?*". Llamé de inmediato y ella respondió: "*Sabía que llamarías; mañana tú me vas a llevar a Rey de Reyes*".

Y así fue. Al final del mensaje, levanté el brazo cuando preguntaron por los nuevos, y comenzó lo que llamo mi "*tortura santa*". Un joven de la iglesia, con paciencia inagotable, empezó a llamarme todos los días. Cada vez que intentaba salir a una discoteca, él aparecía con amigos, trayendo Biblia y paz. Poco a poco, sus palabras ganaron terreno. Me reconcilié con el Señor, y esa decisión fue el inicio de una nueva vida.

Admití por primera vez que fui abusado. Comencé a hablar de mis debilidades y miedos, y sentí que debía regresar a Misiones para enfrentar las heridas de mi pasado. Renté una casa en el mismo terreno donde antes hacía trabajos de jardinería. Allí el pastor me invitó a trabajar con jóvenes. Junto a Ariel y dos más levantamos un grupo que creció hasta superar los doscientos. Tras doce años y cuarenta cigarrillos diarios, logré dejar el vicio.

En la iglesia también me vinculé con la música. Propuse grabar un CD con la banda *"Salvación"*, y en cada concierto compartía mi testimonio. Viajamos a Buenos Aires y allí me ofrecieron ser manager de *"Séptimo Sello"*. Era un desafío grande, pero sentí que era un llamado de Dios.

Una crisis financiera

En el mejor momento de mi vida, una crisis golpeó Argentina y lo perdí todo. Con el dinero se fueron también aquellos a quienes consideraba amigos. Descubrí que esas amistades eran falsas. Aprendí a soltar lo material y repetía: *"Todo lo puedo en Cristo que me fortalece"* (Filipenses 4:13). Esa Navidad la pasé con Ariel, agradecido por lo que realmente importa.

Coordinaba presentaciones de la banda y compartía mi testimonio. En la Iglesia Rey de Reyes, mi economía comenzó a recuperarse, junto con mi vida espiritual. Sin embargo, aún persistía en mí el deseo de encontrar al hombre que me había violado. Nunca lo hallé. Con el tiempo entendí que, así como Dios me enseñó a soltar lo material, también debía soltar ese dolor para hallar verdadera paz.

Lo que aprendí

1) **El valor de las amistades genuinas:** En la abundancia muchos se acercan, pero solo en la crisis se revelan los verdaderos amigos.

2) **Liberarse de la dependencia de lo material:** La riqueza no sostiene el alma; soltar lo material abre paso a la confianza en Dios.

3) **La sanidad que trae el perdón:** Aferrarse al resentimiento perpetúa la herida. Soltar el dolor abre espacio para la paz y la esperanza.

CAPÍTULO II

EL TIEMPO DE DIOS

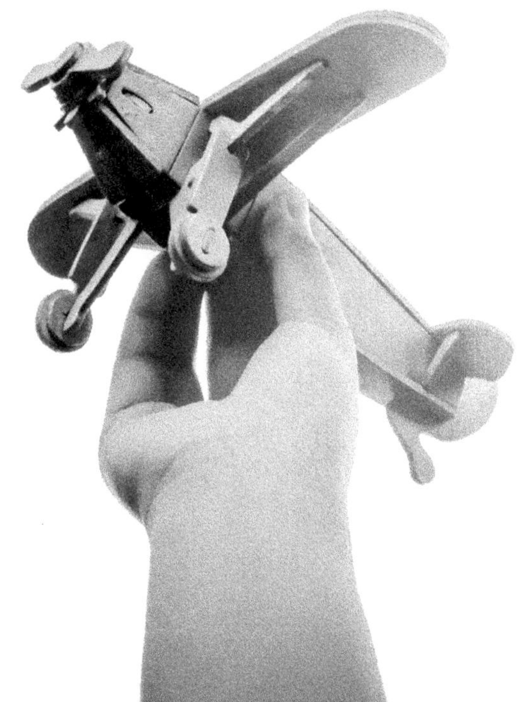

Porque mis pensamientos no son los de ustedes, ni sus caminos son los míos —afirma el Señor—. Mis caminos y mis pensamientos son más altos que los de ustedes; ¡más altos que los cielos sobre la tierra!

ISAÍAS 55:8-9

Ya estaba entregado al servicio, viajando por Misiones por trabajo y por la obra. En Alem me crucé con un pastor amigo. Me dijo que en San Javier, mi ciudad natal, Ronny Reckziegel estaba en campaña junto a Carlos Annacondia, a quien conocía de Rey de Reyes. Fui. Al verme, me pidió ayuda para tomar fotos durante el llamado porque parte del equipo había partido a otra ciudad. Dije que sí.

En medio del clamor, el evangelista bajó el micrófono, me miró y dijo: *"Ve a ministrar"*. Creí que hablaba con otro. Miré alrededor y seguí con la cámara. Repitió, firme: *"Ve a ministrar"*. Entendí: era conmigo.

Obedecí. Bajé de la plataforma, caminé hasta la primera persona frente a mí… y mi mundo se detuvo. Era él. El hombre que a mis ocho años quebró mi inocencia; el que me dejó peleando con la vergüenza y la rabia. El rostro que busqué con sed de venganza estaba allí, temblando, esperando una oración. Sentí un frío antiguo y una voz más antigua aún: *"Haz lo que viniste a hacer"*.

En un segundo vi en quién me había vuelto Jesús. No era el niño herido ni el joven violento; era un hijo escogido, ungido para sanar lo que otros rompen. El Espíritu Santo me sostuvo. Le puse la mano en el hombro y oré. Palabra tras palabra, el odio fue cediendo, como hielo al sol. El hombre se rindió a Cristo. Fue libre. Yo retrocedí, sin aire, como si me hubieran quitado un peso de siglos.

Los pensamientos de Dios son más altos: yo quería matar, Él quería salvar. Yo soñaba con saldar una deuda de sangre; Él me libraba de otra prisión, la del rencor que me carcomía por dentro. Humanamente, era imposible; espiritualmente, la única salida.

Manejé cincuenta kilómetros llorando. Lloré la noche de mi tormenta, al niño sin nombre, al adolescente de la calle, al hombre que ya no necesitaba odiar. Bajo ese llanto, otro susurro: *"Ahora suéltalo todo"*.

Oré en la ruta: *"Señor, dame una familia para siempre. No quiero seguir solo. Dame alguien que me ame como soy"*.

La paz llegó como brisa después del temporal. No supe ni el cómo ni el cuándo, pero supe que Dios había oído. Desde ese día todo fluyó distinto. La ira se disipó por capas; el veneno dejó de ser mi alimento. El rencor empezó a quedarse atrás. Me alineé al propósito tantas veces anunciado. Por primera vez en mucho tiempo, sentí que la paz también llevaba mi nombre. Y mi voz interior comenzó a creerlo de veras.

Seguí pensando en lo que había pasado. Dios me había puesto frente al rostro que más odiaba y me hizo instrumento de redención. Comprendí que su justicia no se mide con mis balanzas humanas. Yo creía que mi vida encontraría sentido cuando ese hombre muriera; Dios me mostró que la verdadera victoria era verlo vivir… pero vivir transformado. Mi odio no lo habría cambiado jamás; el perdón, en cambio, lo arrancó de las tinieblas y me arrancó a mí de mi cárcel interior.

Esa noche supe que el perdón no era una opción religiosa, era supervivencia espiritual. El perdón se convirtió en la llave que abrió el candado de mi alma. Dios me llevó a ese encuentro no para exponer mi dolor, sino para sanar lo imposible. Y entendí que no hay enemigo que pueda resistir cuando el amor de Cristo irrumpe en la historia.

El viaje de regreso fue un desahogo interminable. Mis lágrimas lavaban heridas antiguas. Cada kilómetro era un recordatorio: *"No es con espada ni con ejército, sino con mi Espíritu"*. Allí mismo nació un hombre nuevo, alguien que podía mirar hacia adelante sin que las sombras del pasado lo sujetaran.

Desde entonces, mi vida tomó un rumbo distinto. Ya no estaba condicionado por el odio, sino sostenido por la gracia. Me descubrí capaz de hablar de esperanza con autenticidad. Y mientras conducía, repetía en silencio: *"Si Dios pudo con mi odio, podrá con cualquier dolor"*.

Esa experiencia marcó un antes y un después. Y en medio de mi gratitud, formulé mi anhelo más profundo: tener una familia. No riqueza, no reconocimiento, no viajes ni negocios. Solo una familia que me acompañara en el camino, un hogar donde pudiera descansar mi corazón. No sabía cuándo llegaría la respuesta, pero ya no dudaba: estaba en las manos del Dios que escribe historias imposibles.

Lo que aprendí

1) **El perdón libera más que la venganza.** No se trata de justificar al culpable, sino de soltar el peso que nos hunde. Al perdonar, entendí que yo era quien se liberaba primero.

2) **Dios convierte las heridas en propósito.** Lo que quiebra nuestra vida puede ser usado como canal de sanidad para otros. Donde yo veía destrucción, Él sembró redención.

3) **La fe abre caminos que la razón niega.** Jamás habría imaginado orar por mi agresor. Sin embargo, ese acto imposible reveló la grandeza de un Dios cuyos pensamientos son más altos que los míos.

4) **El amor de Dios responde a lo más íntimo.** Pedí una familia en la ruta, y esa oración se convirtió en semilla de un futuro lleno de compañía, propósito y paz.

Hoy sé que la justicia de los hombres puede castigar, pero solo la justicia de Dios puede sanar. Y ese día, bajo la carpa de una campaña en mi ciudad natal, la justicia del cielo descendió sobre la tierra, transformando odio en esperanza.

CAPÍTULO 12

MI GRAN AMOR Y LA MAYOR BENDICIÓN

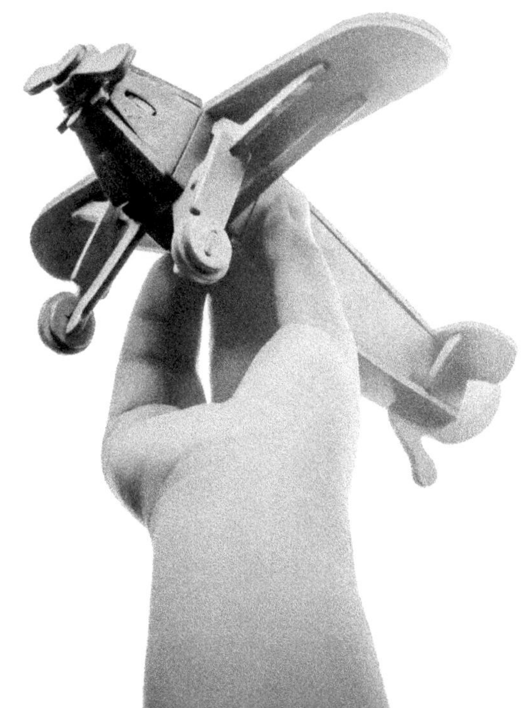

Quien halla esposa halla la felicidad:
muestras de su favor le ha dado el Señor.

PROVERBIOS 18:22

A los 29 años, ya había recorrido gran parte del mundo y atravesado tanto alzas como bajas financieras. Sin embargo, en ese tiempo de mi vida me sentía tranquilo, con la certeza de que Dios cumpliría las promesas que había sembrado en mi corazón. Fue en esos días, mientras viajaba por distintas provincias en giras con la banda Séptimo Sello, cuando conocí a Jimena. Al principio, lo nuestro era solo amistad: una conexión inmediata, transparente y sencilla, pero sin intenciones más allá de compartir. Recuerdo que tras un evento, estaba vendiendo libros, CDs y DVDs, cuando ella se acercó con un grupo de amigos. Entre varias cosas, compró un DVD, y ahí comenzó nuestra primera conversación.

Al día siguiente volvimos a encontrarnos, porque el DVD tenía un defecto y no funcionaba. Ella bromeaba diciendo que lo había hecho a propósito solo para volver a verme, pero lo cierto es que simplemente se trataba de un disco fallado. Esa anécdota, casi sin importancia en apariencia, fue la chispa que encendió algo distinto. Intercambiamos números de teléfono y, a los pocos meses, volvimos a vernos en su provincia. Nuestra amistad comenzó a crecer de manera natural, como una semilla que brota sin que nadie la fuerce.

En esos primeros tiempos pensé que Jimena tenía unos veintidós o veintitrés años. Pero pronto, al conversar con sus amigos, descubrí que estaba a punto de cumplir apenas dieciséis. La noticia me desconcertó profundamente. Una mezcla de sorpresa y temor me invadió. Sabía que debía ser prudente, tomar distancia y reflexionar sobre lo que realmente sentía, sobre lo que era correcto y lo que no. Cada vez que volvía a su provincia la saludaba y compartíamos en familia, y aunque manteníamos los encuentros dentro de los límites de la amistad, en mi interior los sentimientos crecían. Ese amor naciente se mezclaba con la preocupación genuina por la diferencia de edad, que pesaba como un recordatorio constante de que debía actuar con cuidado.

Buscando consejo entre personas de confianza, alguien me dijo una frase que quedó grabada en mi corazón: *"Si ella es la persona que Dios ha designado para ti, sabrás esperar el tiempo necesario."* Esa frase se convirtió en brújula en medio de la incertidumbre.

La espera no fue fácil. La distancia se volvía insoportable y las limitaciones para vernos eran una carga pesada. A todo eso se sumaban las dudas y comentarios de quienes nos rodeaban. Mientras pasaban los días, los meses y finalmente un año, el futuro se tornaba cada vez más gris. Jimena, cerca de cumplir años, no recibía ni siquiera un saludo mío, y estar con su familia se hacía más difícil por las tensiones que la diferencia de edad generaba. Hubo momentos en que ambos nos preguntamos si lo nuestro tenía futuro, si acaso lo que sentíamos era realmente amor o apenas un capricho condenado a desaparecer con el tiempo.

Sin embargo, a pesar de las dudas, comprendimos que lo que nos unía era genuino. Ninguna crítica ni separación lograba apagarlo. Nuestro vínculo se fortalecía en silencio, como el fuego que no se extingue con el viento sino que arde con más fuerza. Finalmente, decidimos comprometernos a esperar y programar nuestro matrimonio. Fue un compromiso hecho no solo entre nosotros, sino también delante de Dios, con la fe de que Él haría su parte en el tiempo correcto.

Durante ese proceso pedí hablar con la madre de Jimena. Sentía en el corazón que debía pedirle perdón. Al verla frente a mí, entendí el temor que había sentido al pensar en la relación de su hija con alguien mayor, y supe que sin querer había causado dolor. Poniéndome en su lugar, le pedí perdón por los daños emocionales que, aunque nunca fueron intencionales, se habían producido. Ella me escuchó, comprendió y aceptó mis palabras. Con el tiempo, aquella mujer pasó de ser una madre preocupada a convertirse en mi suegra y, más tarde, en una segunda madre. Hoy es también una abuela feliz, siempre cálida, con quien compartir una charla es un verdadero regalo.

Finalmente, cuando Jimena alcanzó la mayoría de edad, nos casamos. Desde entonces, ella ha sido mucho más de lo que alguna vez imaginé. Es la mujer con la que me casaría mil veces, la madre ideal para nuestros hijos, mi amiga y compañera en cada paso. Al mirar atrás, comprendo que cada espera, cada obstáculo y cada lágrima fueron parte del camino que Dios había trazado para llevarnos a este destino. Hoy vivo agradecido de compartir mi vida con ella, sabiendo que el amor auténtico, cuando se sostiene en la fe, se convierte en la mayor de las bendiciones.

Lo que aprendí

El valor de la espera y la paciencia en el amor. La espera fue una verdadera prueba de compromiso. Cuando el amor es genuino, esperar lo fortalece. La paciencia no apaga el amor, sino que lo consolida y lo prueba, demostrando que algunos vínculos valen la pena a pesar de las dificultades.

La importancia de la empatía y el perdón en las relaciones familiares. Hablar con la madre de Jimena y pedirle perdón me enseñó que la empatía abre caminos donde antes había desconfianza. Comprender y respetar los temores de quienes aman a la persona que uno ama no es una carga: es un acto de humildad que fortalece la relación y sana heridas.

La fuerza de la fe para enfrentar la adversidad y las dudas. En los momentos de mayor incertidumbre, la fe fue nuestro ancla. Nos sostuvo cuando las críticas y las dudas amenazaban con hundirnos. Aprendí que confiar en un propósito mayor nos da claridad y paz, incluso en medio de la tormenta. La fe nos permite avanzar con esperanza y determinación, sabiendo que en los planes de Dios siempre hay un tiempo perfecto.

CAPÍTULO 13

CIERRE DE CICLOS

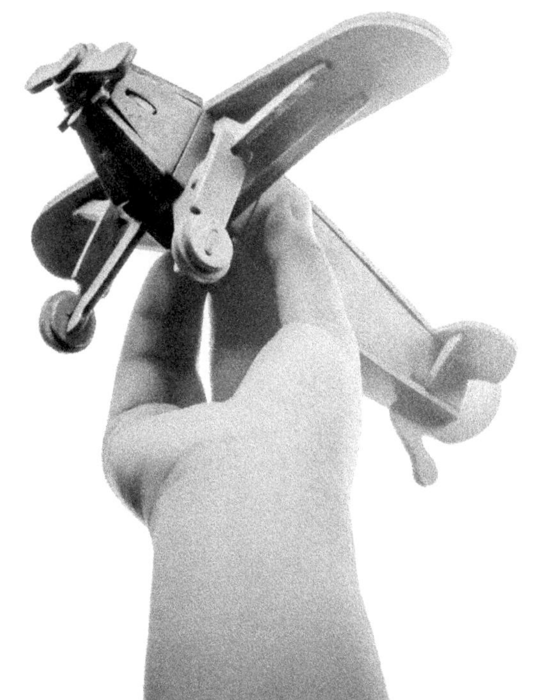

Si por la noche hay llanto, por
la mañana habrá gritos de alegría.

SALMOS 30:5

Jimena siempre me insistió en que debía buscar a mi familia biológica para cerrar ciclos. Durante años me negué, porque el miedo de enfrentar el pasado era demasiado grande. Me preguntaba qué podría encontrar, si las respuestas dolerían más que las preguntas, y si remover las heridas sería más difícil que vivir con ellas. Pero Jimena, con su amor incondicional y su sensibilidad para ver lo que yo no podía ver, insistía con ternura. Ella entendía que mi sanidad no estaría completa hasta reconciliarme con mi historia.

Finalmente, después de mucha insistencia y oración, decidí escucharla. Emprendí el viaje hacia San Javier, el lugar donde nací. Mi objetivo era encontrar a Valmor, mi hermano adoptivo mayor, quien nunca se había ido del pueblo y podía tener información sobre mis padres biológicos.

El encuentro con Valmor

Mientras manejaba por las calles de San Javier, algo increíble sucedió. Justo antes de llegar a la casa de Valmor, lo vi caminando por la calle. Fue un encuentro que parecía preparado por Dios, como si todo hubiera sido alineado para que, después de más de veinte años de silencio, llegara por fin el momento de encontrar respuestas.

Detuve el auto de inmediato, bajé y lo llamé por su nombre. Cuando me vio, su expresión lo dijo todo: sorpresa, emoción, desconcierto. Nos abrazamos fuerte y, tras unos instantes, me preguntó:

—¿Qué hacés por acá? Pensé que estabas en Buenos Aires.

Con la mirada fija en él, fui directo al punto:

—¿Vos conociste a mi mamá? Sé que nunca hablamos de esto por respeto a nuestra mamá adoptiva, pero necesito saber.

Valmor guardó silencio por unos segundos, como si eligiera cuidadosamente cada palabra. Finalmente, respondió:

—Sí, la conocí. Pero por respeto a mamá nunca hablamos de eso.

Le agradecí su sinceridad, pero le expliqué que había llegado el momento de saber la verdad. Entonces me dijo:

—Ve al barrio en la entrada del pueblo, a la casa número 33, y pregunta por Alcira Correa. Ese era el nombre de tu mamá. Allí vive una prima de ella, y quizá te pueda dar más información.

Con el corazón agitado, me dirigí a esa dirección.

El camino hacia Alcira

Golpeé la puerta y me recibió una señora amable. Le pregunté por Alcira, explicándole quién era yo, y su reacción fue de sorpresa y emoción. Sin embargo, no tenía mucha información. Me sugirió que hablara con un sobrino mío, Carlos Sena, que vivía a unas seis cuadras.

Fui a buscarlo con nervios en cada paso. En la casa me recibió primero su abuela, quien, al verme, pensó que era policía por mi porte y mi corte de pelo. Carlos, un hombre cubierto de tatuajes, salió con cautela. Al principio estaba a la defensiva, pero cuando le expliqué quién era, su rostro cambió.

—Mi mamá siempre me habló de vos —me dijo emocionado—. Vamos a llamarla.

Fuimos juntos a un telecentro cercano y marcó el número de Brasil. Hablando en portugués, le dijo a su madre:

—Quiero pasarte con alguien. Estoy seguro de que lo conocés.

Cuando tomé el teléfono y pronuncié apenas dos frases, la voz al otro lado se quebró:

—Yo te amo. Yo te vi nacer. Yo sé quién sos. Quiero verte.

Esas palabras me estremecieron. Era como si una pieza faltante de mi vida finalmente hubiera encajado. Todavía tenía preguntas, pero ya no había dudas: estaba en el camino correcto.

El viaje a Brasil y el encuentro familiar

No quise hacer ese viaje solo. Llamé a Jimena, le conté lo sucedido, y con su familia emprendimos juntos el camino hacia San Borja, Brasil.

Lo que viví allí fue indescriptible. Nos recibió una multitud: familiares, amigos y, sobre todo, mi hermana biológica. Nos fundimos en un abrazo interminable. Esa noche, entre lágrimas y risas, compartimos historias y miramos fotos hasta las cinco de la mañana.

Una de las historias que más me impactó fue la de mi hermano, el que había sido abandonado en un orfanato. Mi hermana me relató cómo, el día que mi madre lo dejó, él salió corriendo detrás del autobús, gritando su nombre, hasta perderlo de vista. Me lo imaginé pequeño, con el rostro cubierto de lágrimas, corriendo desesperado mientras el vehículo desaparecía en el horizonte. Esa imagen se clavó en mi corazón: dolorosa y reveladora.

El cementerio y el perdón

Al día siguiente supe que debía hacer algo más: visitar la tumba de mi madre. Jimena, su familia y mi hermana me acompañaron. El día estaba soleado, pero el ambiente cargado de emociones.

Cuando llegamos a la tumba, me quedé en silencio, mirando la lápida. Reuní valor y, con voz temblorosa, dije:

—Te perdono.

Hablé con ella como si pudiera escucharme. Le expliqué que entendía su dolor, que no la juzgaba y que estaba en paz. Le aseguré que yo estaba bien y que podía descansar tranquila. En ese momento, sentí cómo una paz indescriptible descendía sobre mí. Lloré hasta vaciarme, pero al final me sentí libre, como si un peso que había cargado toda la vida se levantara de mis hombros.

Reflexión y futuro

Ese viaje no solo me permitió cerrar un capítulo, sino abrir otro completamente nuevo. Comprendí que mi historia no definía mi destino. Tomé la decisión de romper con los patrones generacionales y construir una familia diferente, basada en amor, respeto y fe.

Jimena siempre creyó en mí, incluso cuando yo me resistía a enfrentar mi pasado. Hoy, al mirar atrás, entiendo que su insistencia fue un acto de amor y de obediencia a Dios. Gracias a su empuje y a la gracia divina, pude cerrar el ciclo con perdón, esperanza y la certeza de un futuro mejor.

Lo que aprendí

La sanación comienza al enfrentar el pasado. El miedo a revivir heridas puede impedirnos avanzar, pero la libertad llega al dar el paso valiente de buscar respuestas. Enfrentar la verdad, aunque duela, abre la puerta a la reconciliación y la esperanza.

El poder transformador del perdón. Perdonar a quienes nos hirieron, incluso si ya no están, es un acto que libera. Al perdonar a mi madre ausente, rompí cadenas de dolor y abrí espacio para una vida nueva.

La importancia de construir un nuevo legado. Aunque el pasado moldea nuestra perspectiva, no dicta nuestro futuro. Con fe, respeto y amor, es posible romper patrones generacionales y levantar una familia con un destino distinto, lleno de propósito y bendición.

CAPÍTULO 14

EL EMPRESARIO

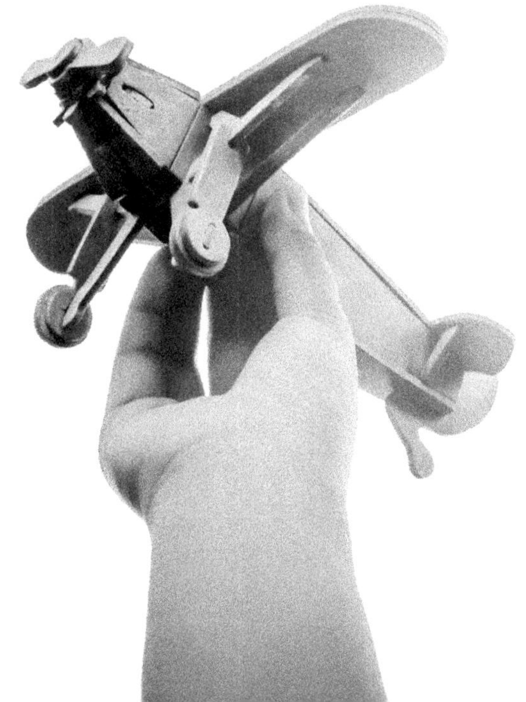

"Nunca desistas de un sueño. Solo trata de ver las señales que te lleven a él".

PAULO COELHO

El Sueño Americano

"Señor, si realmente es tu voluntad que migre a los Estados Unidos, abre tú las puertas. Pero si no, ciérralas, porque jamás me quedaría aquí ilegal." Esa fue mi oración antes de abordar el avión. Llevaba el corazón lleno de esperanza y miedo, pero una cosa estaba clara: no daría un paso sin la aprobación de Dios.

En 2009, viajé por primera vez a los Estados Unidos. Desde el momento en que llegué, quedé impactado por el orden, la seguridad y las oportunidades que se respiraban en el ambiente. Soñé con migrar y construir un futuro diferente.

Regresé a Argentina lleno de ilusión y le compartí a Jimena mi deseo de volver. Ella no solo apoyó mi sueño, sino que lo abrazó conmigo. Me dijo con firmeza:

—Si Dios abre las puertas, este será nuestro nuevo hogar.

En 2010, decidí renovar mi visa para volver. Pero esa primera vez, me la negaron. Sentí una mezcla de rechazo y angustia. Sin darme cuenta, ya me había ilusionado con la idea de migrar, de trabajar, de empezar algo nuevo. Cuando me dijeron que no, pensé: *"Esto se acabó. Es solo un sueño más que no se cumplirá."*

Quise rendirme, pero Jimena insistió:

—Volvé. Tal vez el cónsul no estaba en su mejor semana. Inténtalo otra vez.

Regresé a los quince días. Esta vez, las preguntas fueron más fuertes, más exhaustivas. Me sentía nervioso, pero al final, me aprobaron una visa de turista por diez años. Era el primer paso que necesitaba para seguir adelante.

Renacer en un Nuevo País

Al llegar a Miami, mi amigo Gustavo Barrero me recogió en el aeropuerto. Sin perder tiempo, me llevó a ver a una abogada para que evaluara mi caso. Ella me escuchó con atención, pero cuando le expliqué mi situación, me dijo con franqueza:

—Usted no tiene posibilidades en este país. Si no sabe inglés, no tiene estudios ni títulos, veo muy difícil poder ayudarlo.

Esas palabras me golpearon. Pensé que quizás todo había sido una ilusión. Pero justo cuando estaba a punto de darme por vencido, la abogada agregó:

—A menos que abra una corporación y haga un tratado con una empresa de Argentina.

Gustavo reaccionó de inmediato:

—¿Cómo quieres que se llame tu compañía? ¿Qué tal RENACER?

El nombre lo decía todo. Representaba lo que estaba viviendo: un nuevo comienzo en un país desconocido. Así nació RENACER1 CORP., porque entendí que Dios me estaba dando la oportunidad de empezar de nuevo.

Los Primeros Pasos

Desde ese día, comencé a trabajar en la construcción de mi corporación. Conté con la ayuda invaluable de personas como Esteban Fernández, quien me dio crédito en Bíblica, y mis amigos de Peniel en Argentina, quienes me apoyaron con productos de su editorial para vender.

No fue fácil. Nunca había sido lector ni escritor, pero al adentrarme en el negocio de los libros entendí su poder transformador. Descubrí que un libro puede cambiar vidas, que las palabras tienen el poder de sanar y guiar.

Un Desafío Mayor: Luca

En 2011, Jimena quedó embarazada de nuestro primogénito, Luca. Estábamos recién empezando nuestra vida en Estados Unidos, y lo que menos teníamos era dinero. El embarazo trajo consigo una mezcla de alegría y miedo.

Yo siempre había vivido solo, resolviendo mis problemas a mi manera. Pero esta vez no estaba solo. Éramos dos, y pronto seríamos tres. Me invadían pensamientos de fracaso. Me preocupaba no poder cumplir con lo que había prometido a Jimena. Las cosas no estaban saliendo como esperábamos, y sentía que el peso de la situación recaía completamente sobre mis hombros.

Jimena, en su infinita fe, siempre me alentaba:

—Dios va a proveer. No te preocupes. Vos estás trabajando, te estás esforzando. Dios nos respalda.

Lleno de dudas, fui al hospital y solicité un plan de pagos para cubrir el parto, que costaba veinticinco mil dólares. A las dos semanas, nos llamaron:

—Han sido seleccionados para recibir todos los servicios sin costo alguno.

En ese momento sentí que Dios me hablaba directamente: *"No te traje aquí para avergonzarte."*

El 25 de enero de 2012 nació Luca. Fue en uno de los mejores hospitales, y cuando lo sostuve en mis brazos por primera vez, todo cambió.

Un Encuentro Transformador

Al tener a Luca en mis brazos y mirarlo a los ojos, algo profundo ocurrió. Él dejó de llorar y se quedó mirándome fijamente. En ese momento sentí algo penetrar mi corazón. Me pregunté:

"¿Cómo hay personas que pueden abandonar a sus hijos? ¿Cómo puedes dejar algo tan tierno, tan dulce, tan inocente?"

No pude soportarlo. Le entregué a Luca a Jimena y me encerré en el baño. Allí lloré desconsoladamente.

Sentí un amor inmenso de parte de Dios, como nunca antes lo había sentido. En ese instante, entendí que Él me estaba dando la responsabilidad más grande de mi vida: ser padre. Luca no solo trajo amor a mi vida, sino que me transformó. Me enseñó a ser más responsable, más tolerante, más amoroso.

El Futuro con Propósito

Hoy, miro hacia el futuro con gratitud y expectativa, pero también con una visión clara para **RENACER** y **PÁGINA AZUL**. Son dos compañías aún en desarrollo, con un crecimiento constante, pero siento que estamos en el camino correcto. Día a día innovamos con nuevas ideas, adaptándonos a los desafíos y a las oportunidades que surgen.

Mi proyección para el futuro es amplia. A cinco años, espero que ambas compañías estén más consolidadas, más estables y mejor posicionadas de lo que están hoy. A diez años, sueño con tener nuestro propio edificio y sedes en diferentes países, lugares donde tanto **RENACER** como **PÁGINA AZUL** puedan seguir creciendo y expandiendo su impacto.

Este no es solo un plan para mí; es también un legado para nuestros hijos. Quiero que el día de mañana ellos puedan participar en estas compañías, ya sea manteniéndolas o innovando con nuevas ideas que se adapten a los tiempos. El objetivo es que lo que estamos construyendo hoy sea una base sólida para el futuro, algo que trascienda generaciones.

Lecciones de Mis Mentores

En este camino, he tenido la bendición de aprender de grandes mentores que han marcado mi vida tanto empresarial como personalmente. Uno de ellos es el Pastor Frank López. Su influencia ha sido crucial en mi desarrollo como empresario y como padre de familia.

Frank me enseñó mucho sobre la ética empresarial, la importancia del orden y cómo administrar una empresa de manera eficiente. Uno de sus principios fundamentales que adopté es que el servicio al cliente debe ser una prioridad absoluta en cualquier negocio. Pero más allá de los negocios, Frank siempre me recuerda que la vida debe estar organizada con prioridades claras: primero Dios, luego mi familia, y después todo lo demás.

Heriberto Anconetani también ha sido una figura clave. De él aprendí el valor de la palabra. En el mundo empresarial, me enseñó que la palabra de un empresario debe valer más que un contrato. Esa lección quedó grabada en mi corazón y me ha guiado en cada relación profesional que construyo.

Renacer Continuamente

RENACER y **PÁGINA AZUL** no son solo negocios; son un reflejo de lo que Dios puede hacer en la vida de alguien dispuesto a soñar y trabajar con fe. Cada paso, cada desafío y cada lección han sido parte de un plan mayor.

En el futuro, sueño con llevar estas compañías a niveles que hoy solo puedo imaginar. Quiero que sean un testimonio de cómo la fe, la perseverancia y el trabajo honesto pueden transformar vidas. Más allá del éxito personal, quiero que lo que hacemos deje una huella en las personas, ya sea a través de un libro, una conversación o un simple acto de servicio.

¿Y tú? ¿Qué legado estás construyendo? ¿Qué sueños estás dispuesto a perseguir, paso a paso, hasta que Dios abra las puertas?

Lo que aprendí

La importancia de soñar con propósito y confiar en Dios: Los sueños más grandes comienzan con un paso de fe. La oración sincera y la disposición a seguir la voluntad de Dios abren puertas que parecían imposibles. En lugar de depender solo de las propias fuerzas, confiar en un propósito mayor permite enfrentar los desafíos con esperanza y determinación.

1) **El valor del renacimiento y la resiliencia:** Incluso cuando las circunstancias parecen cerrarse, siempre hay una oportunidad para comenzar de nuevo. La creación de **RENACER** demuestra que el fracaso no define a una persona; lo que importa es la capacidad de levantarse, adaptarse y seguir avanzando. Renacer no es solo empezar de nuevo, sino reinventarse continuamente para cumplir con los desafíos y las oportunidades que se presentan.

2) **El legado como responsabilidad y visión:** Más allá del éxito empresarial, este capítulo destaca la importancia de construir algo que trascienda generaciones. El amor por la familia y la pasión por dejar un impacto positivo en los demás se convierten en el motor detrás de los sueños. Crear un legado no solo implica trabajar duro, sino también mantener valores sólidos como la ética, la palabra y el servicio al cliente como pilares fundamentales del éxito.

CAPÍTULO 15

SABIDURÍA DIVINA

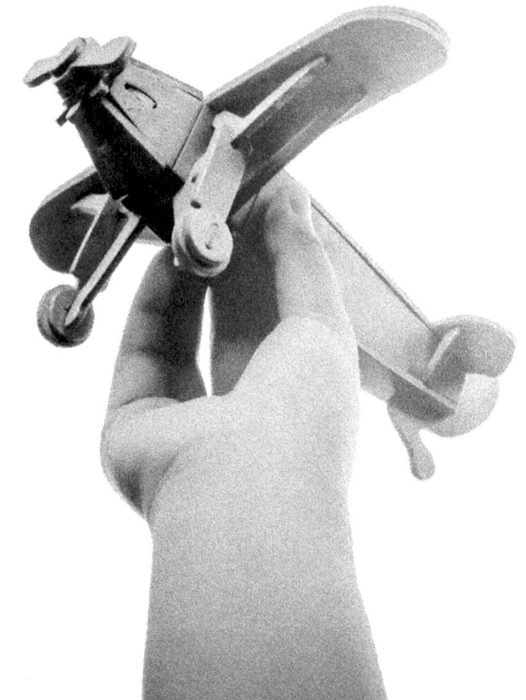

Yo sé que tú amas la verdad en lo íntimo;
en lo secreto me has enseñado sabiduría.

SALMOS 51:6

Las lecciones de vida que aprendí en la calle son muchas. A lo largo de este libro, he compartido cómo esos aprendizajes moldearon mi carácter y mi forma de ver el mundo. En la calle aprendí a vivir a la defensiva, a desconfiar de todo y de todos, pero también aprendí habilidades y valores que me han servido en la vida. Sin embargo, para adaptarme a una vida de familia y a los negocios, tuve que revisar esas lecciones, aplicar algunas y modificar otras.

Por ejemplo, la disciplina y la constancia no eran mis mejores cualidades, pero al adoptarlas, se convirtieron en pilares fundamentales para mi felicidad y éxito. Aprendí que hay que ser flexible con las circunstancias, pero firme en los valores. Y lo más importante, aprendí que Dios tiene un propósito con cada una de nuestras vidas. Cuando dejamos que Él sea nuestra guía, todo cobra sentido.

Lecciones de fe y transformación

Mi encuentro con Dios, incluso desde pequeño, marcó mi vida. A los 17 años, en un momento de rebeldía, llegué a gritarle: "*¡Tú no existes!*". Pero fue en los momentos más oscuros donde entendí que Dios nunca me dejó; fui yo quien me alejé. Mi realidad actual es testimonio de que Dios responde, no según nuestros deseos inmediatos, sino según Su propósito perfecto.

Una promesa cumplida

Dios me hizo una promesa: *"Eres un puente para empresarios, vas a sentarte a la mesa con reyes, viajarás por el mundo y visitarás la Casa Blanca"*. En ese momento, no entendí cómo podría ser eso posible. No tenía educación, tartamudeaba y vivía una vida llena de desafíos. Pero creí. Y con los años, vi cómo esa promesa se cumplió: viajé por el mundo, me senté a mesas de liderazgo y visité la Casa Blanca, elegido como parte de un grupo de empresarios latinos.

Cada vez que recuerdo esa promesa cumplida, pienso en lo increíble que es la fidelidad de Dios. Él toma a alguien quebrantado, con cicatrices y con un pasado marcado por el dolor, y lo transforma en un testimonio viviente de Su gracia. No se trata de mi fuerza ni de mi inteligencia, sino de Su mano poderosa que me levantó.

El poder del perdón

Otra lección invaluable fue aprender a perdonar. El rencor es una carga pesada que nos impide avanzar. Vivir a la defensiva es agotador: te roba el sueño, la paz y afecta tu autoestima. El perdón, por el contrario, aligera el corazón y abre el camino para recibir bendiciones. Perdonar no significa justificar el daño, sino soltarlo y dejar que Dios transforme ese dolor en propósito.

Perdonar fue, para mí, una de las batallas más difíciles, pero también una de las más liberadoras. Entendí que cuando uno perdona, no cambia el pasado, pero sí cambia el futuro. Al soltar el odio, descubrí que había espacio en mi corazón para amar y construir.

Transformar el carácter

Dios me enseñó a escuchar antes de hablar, a bajar el orgullo y a confiar en Él al dar pasos importantes. Ponerlo primero en mi vida fue un proceso, pero me ha dado claridad y propósito. Cuando la cabeza está enfocada y el corazón está sano, podemos construir familias saludables y relaciones sólidas.

La calle me enseñó a sobrevivir, pero Dios me enseñó a vivir. Esa diferencia lo cambia todo.

El sueño más grande: mi familia

El mayor sueño de mi vida, tener una familia, se cumple todos los días. Criar a mis hijos es la mayor felicidad que he conocido. Dios me ha mimado más de lo que merezco. Crecí con tantas carencias, y hoy puedo darles a mis hijos mucho más de lo que imaginé. Eso no se trata solo de bienes materiales, sino de valores, amor y fe.

Dios es el Padre perfecto, el Padre máximo. Recuerdo mis oraciones de niño, cuando en aquella carpa le entregué mi vida. Le pedía que me ayudara a sobrevivir, que me diera amor y cuidado. Hoy, al ver todo lo que ha hecho en mi vida, no puedo evitar sentir gratitud. Él respondió a todas mis oraciones, mucho más abundantemente de lo que pedí o imaginé.

El propósito de bendecir a otros

He aprendido que los sueños que Dios nos da no terminan con nosotros. No se trata solo de lograr metas personales, sino de bendecir a otros. Uno de mis sueños más grandes es fundar un hogar para niños, donde puedan recibir amor, educación y conocer las señales del corazón y del amor de Dios.

Creo firmemente que cada niño tiene un propósito divino y, como dijo Jacinto Benavente, *"en cada niño nace la humanidad"*. Quiero formar un equipo que ame y bendiga a esos niños, enseñándoles a soñar y a convertir esos sueños en realidad.

Reflexión final

Miro mi vida y solo puedo decir que Dios ha sido bueno conmigo. Él me transformó, me restauró y me dio un propósito. Si algo quiero que recuerdes de este capítulo es que Dios no se olvida de ti, incluso cuando tú crees que lo ha hecho. Sus planes son mayores que cualquier circunstancia. Su sabiduría transforma vidas, y Su amor nunca falla.

Te invito a soñar, a confiar y a creer. No importa de dónde vengas ni cuántas veces hayas caído. Con Dios, siempre hay un Renacer.

EPÍLOGO

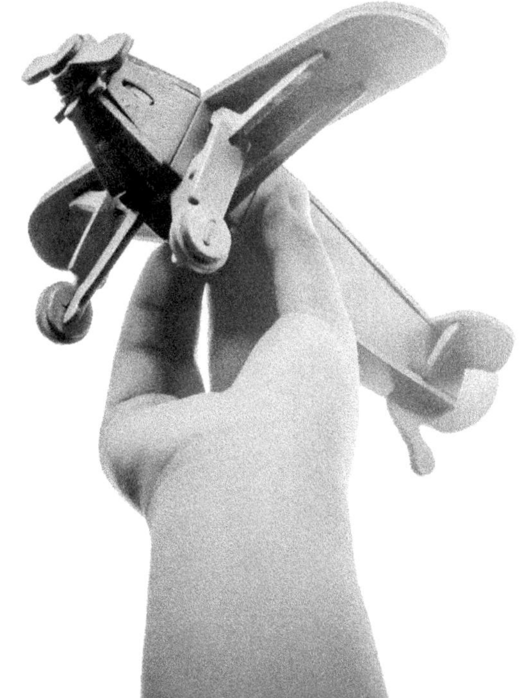

Bendito sea el Dios y Padre de nuestro Señor Jesucristo, Padre de misericordias y Dios de toda consolación, el cual nos consuelae en todas nuestras tribulaciones, para que podamos también nosotros consolar a los que están en cualquier tribulación, por medio de la consolación con que nosotros somos consolados por Dios.

2 CORINTIOS 1:3-4

Este libro no es solo la historia de Claudio; es un testimonio del poder transformador de Dios. Su propósito no es simplemente conmoverte, sino inspirarte a creer que el mismo Dios que cambió su vida puede también cambiar la tuya. No importa cuál sea tu historia, este mensaje es claro: no es lo que te sucede lo que determina tu destino, sino lo que haces con lo que te ha sucedido.

Las dos fuerzas que moldean nuestra vida

A lo largo de la vida, todos enfrentamos dos fuerzas en constante acción. Por un lado, las cicatrices del pasado intentan aprisionarnos: el dolor, el rechazo, las heridas emocionales y los traumas buscan definirnos y limitarnos.

Pero por otro lado, está la fuerza del amor inagotable de Dios, llamándonos, restaurándonos y dándonos la oportunidad de un futuro lleno de propósito. Quizá en tu vida has sentido ambas fuerzas. La pregunta no es cuál ha sido más fuerte, sino qué vas a hacer al respecto.

Tu pasado no tiene por qué definir tu futuro. Esta verdad está presente en cada página de este libro. Algunos se quedan atrapados en las cadenas del pasado, pero otros eligen entregar esas cadenas a Dios, quien las rompe para siempre. Tú puedes ser libre.

Una invitación a escribir un nuevo capítulo

Claudio nos mostró que, sin importar cuán difícil haya sido tu historia hasta ahora, siempre puedes comenzar de nuevo. Su vida cambió cuando decidió entregarle su dolor a Dios y dejar que Él reescribiera su historia. Ahora, esa misma invitación está abierta para ti.

Aquí tienes pasos prácticos para empezar a caminar hacia tu transformación:

1) **Reconoce tu necesidad:** la sanidad comienza cuando dejamos de culpar a los demás y aceptamos que las heridas del pasado han dejado raíces de amargura en nuestro interior. Reconocer que necesitamos ayuda es el primer paso hacia la libertad.

2) **Busca al Sanador:** Jesús invita: *"Venid a mí todos los que estáis trabajados y cargados, y yo os haré descansar"* (Mateo 11:28). Solo al entregarle tus heridas puede obrar su sanidad en tu vida.

3) **Confiesa y recibe perdón:** algunos dolores provienen de nuestras propias decisiones. Confesar libera de la culpa y abre las puertas a la restauración. *"Si confesamos nuestros pecados, Él es fiel y justo para perdonarnos"* (1 Juan 1:9).

4) **Perdona a los que te lastimaron:** no justifica el daño, pero te libera del peso del resentimiento. El perdón es un acto de libertad. Ora: *"Señor, con tu amor, ahora yo perdono a…"*.

5) **Llena tu vida de la verdad de Dios:** reemplaza el rechazo o el abandono con sus promesas. *"Conoceréis la verdad, y la verdad os hará libres"* (Juan 8:32).

6) **Busca apoyo espiritual:** encuentra una comunidad de fe. *"Orad unos por otros, para que seáis sanados"* (Santiago 5:16). La sanidad se fortalece en comunidad.

7) **Descubre el propósito de tu historia:** Dios no solo quiere sanarte; quiere usarte para sanar a otros. *"De gracia recibisteis, dad de gracia"* (Mateo 10:8).

El poder de una vida transformada

La vida de Claudio es un recordatorio de que Dios no se olvida de nosotros, incluso en nuestros momentos más oscuros. Su sanidad, restauración y éxito son fruto de su decisión de entregar su vida a Dios.

Dios quiere hacer lo mismo contigo. Quiere transformar tu dolor en propósito, tus heridas en testimonios y tus errores en oportunidades de crecimiento. Pero para eso, necesitas dar el primer paso: confiar en Él.

Una última invitación

Si llegaste hasta aquí, no es casualidad. Dios te está llamando a escribir un nuevo capítulo en tu historia. No importa cuán grande sea el dolor o cuán lejos sientas que estás de Él, Dios puede obrar en tu vida si se lo permites.

Si necesitas orientación, apoyo o recursos, conecta con Claudio o su equipo. No camines solo; permite que esta historia sea el principio de algo nuevo en tu vida.

Que nada detenga tus sueños.

PASTOR CARLOS MRAIDA

Director de la Iglesia Evangélica Bautista del Centro de Buenos Aires
Líder de CRECES (Hermandad Renovada de Evangélicos y Católicos en el Espíritu Santo)

ACERCA DEL AUTOR

Claudio De Oliveira lleva en su historia la huella de una transformación única: de niño de la calle a empresario y líder visionario. Es fundador y presidente de Editorial Renacer, Renacerbooks y director de Editorial Página Azul, así como de Catalina Sport, todas con sede en los Estados Unidos.

Nació en San Javier, Misiones, Argentina, y fue hijo adoptivo de Isolmira Pereyra y Hermes Goulart De Oliveira. Hoy reside en la ciudad de Doral, Florida, junto a su esposa, María Jimena Catalina, y sus hijos Luca, Mateo y Anna, quienes representan la mayor bendición de su vida.

MIS MEMORIAS

Con 2 años, en brazos de mi madre adoptiva, Isolmira Pereyra, junto a Daniel Oliveira.

Silvia, Claudio y Nanci, de izquierda a derecha.

Mi maestra de primer grado en la Escuela 281,
en Leandro N. Alem.

Una tarde de fotos con
Mari, mi cuñada y esposa
de mi hermano Daniel.

Foto de la familia De Oliveira en San Javier, Misiones.
Ese niño al frente… soy yo.

La tentación pudo más… metiendo el dedo en el pastel. Familia De Oliveira

Recuerdo de 4º grado en la Escuela 552, en Leandro N. Alem, Misiones.

Frente a mi casa, junto a Leontina, mi hermana de adopción.

Con mi profesor
de Educación Física
en la escuela.

Claudio

9 AÑOS

Quiero Estar Siempre A tu
Lado No olvides que TE
AMO!! y fui Transformado
Para hacerte Feliz!!

Claudio

Tenía 25 años cuand
decidí volver a Dios y
recordé la promesa qu
hice a mis 9.

Recuerdos de campamento con Jorge Angst,
Jorge Suárez y Oki Nicolau.

En el Salto Dos Hermanas: Jorge Suárez era arrastrado
por la correntada; yo, el que tomaba la foto.

Jorge Angst y Oki Nicolau, entre risas, simulaban que me lanzaban a las cataratas.

Un recuerdo con mis amigos del Social Club Villa Sarmiento, en Buenos Aires.

Modo Terminator.

Posando «a lo Brad Pitt» en Ciudad del Este (Paraguay), en los tiempos en que vendía cinturones.

Heriberto Anconetani.

Junto a Heriberto Anconetani.

Compartiendo en familia con la hermanas Messina
(Derecha: Constanza, Analía y Maria Eugenia).

Reencuentro con Constanza Messina en Miami.

Después de mi bautismo junto a Ariel Kruger.

Recuerdo de mi bautismo.

Evangelista Carlos Annacondia.

Con Jimena antes de casarnos. Capitán Solari, Chaco.

Mis hijos Mateo y Luca con mi hija Anna recién nacida.

Reencuentro con mi hermana de padre y madre,
Glasí, en San Borja, Brasil, acompañado por
los padres de Jimena, mi esposa.

Mi esposa Jimena.
Washington D. C

En un meeting para
empresarios en la Casa
anca. Washington D. C.

Junto a mi Pastor Frank López - Washington D. C.

SIGAMOS LA CONVERSACIÓN

Al llegar hasta aquí, tu opinión es un regalo valioso. Me encantaría saber qué despertó en ti este libro, qué aprendizajes te llevas y cómo resonó en tu vida. Tus comentarios no solo enriquecen mi camino como autor, sino que también ayudan a construir un espacio de diálogo y esperanza entre lectores.

Puedes escribirme a comentarios@claudiodeoliveira.com.

Cada palabra tuya será recibida con gratitud, atención y el deseo de seguir caminando juntos en este viaje de fe y transformación.

renacer

www.ingramcontent.com/pod-product-compliance
Ingram Content Group UK Ltd.
Pitfield, Milton Keynes, MK11 3LW, UK
UKHW021959270726
14060UKWH00003B/594